रूस, रशिया और रासपूतिन

ज़ारशाही का इतिहास

वाणी इतिहास श्रृंखला

रूस, रशिया और रासपूतिन

ज़ारशाही का इतिहास

प्रवीण कुमार झा

वाणी प्रकाशन

वाणी प्रकाशन

4695, 21-ए, दरियागंज, नयी दिल्ली 110 002

फ़ोन : +91 11 23273167 फ़ैक्स : +91 11 23275710

शाखाएँ

अशोक राजपथ, पटना 800 004, बिहार

कॉफ़ी हाउस कैम्पस, महात्मा गांधी मार्ग, इलाहाबाद 211 001, उत्तर प्रदेश

महात्मा गांधी अन्तरराष्ट्रीय हिन्दी विश्वविद्यालय, वर्धा 442 001, महाराष्ट्र

www.vaniprakashan.com
marketing@vaniprakashan.in
sales@vaniprakashan.in

Roos, Russia Aur Rasputin : Czarshahi Ka Itihas
by Praveen Kumar Jha

ISBN : 978-93-5518-283-8
History

पेपरबैक प्रथम संस्करण 2022
पेपरबैक द्वितीय संस्करण 2023

मूल्य : ₹ 299

आर. टेक ऑफ़सेट प्रिंटर्स, दिल्ली-110 032 में मुद्रित

वाणी प्रकाशन का लोगो मक़बूल फ़िदा हुसेन की कूची से

भूमिका

मैं रूस के इतिहास लिखने का एक उत्स तलाश रहा था, मगर किसी एक घटना पर रुक नहीं पाया। एक देश जो अन्यथा पश्चिमी दुनिया से लम्बे समय तक बन्द रहा, वह एक समय भारत के गाँव-गाँव तक पहुँच गया था। इसके लिए लाल कार्डधारी मार्क्सवादी होने की ज़रूरत नहीं थी, बल्कि यह बहुत सहजता से हमारे अन्दर प्रवेश कर गया। मैं कुछ क़िस्से सुनाता हूँ।

पुडुचेरी (जो पहले पाण्डिचेरी था) में एक व्यक्ति मिले, जो तमिलनाडु-केरल सीमा पर किसी गाँव से थे, और मेरी तरह चिकित्सक बन गये थे। चूँकि हम एक ही उम्र के थे, हम अपने बचपन की बातें करने लगे। मैं यह देखना चाह रहा था कि बिहार के बचपन और तमिलनाडु के बचपन में आख़िर अन्तर क्या है। मैंने तो दक्षिण भारत के बचपन को टीवी धारावाहिक 'मालगुड़ी डेज़' से थोड़ा-बहुत समझा था। मगर उनसे बतियाते हुए यह लगा कि अख़बारी आँकड़े चाहे कुछ भी कहें, इन दो राज्यों के बचपन एक जैसे ही थे। मसलन वह भी टीवी देखने से पहले छत पर एन्टीना घुमाते थे। वह भी साइकिल से तफ़री मारा करते। उन पर भी जीवन में कुछ 'बनने' का उतना ही दबाव था, और उन्हें भी इसके लिए एक ही सीढ़ी की ज़रूरत थी। हम दोनों को अंगेज़ी भाषा सीखनी थी, जिसके बिना हम दोनों के लिए भारत में तकनीकी शिक्षा की मन्ज़िल दूभर थी। लेकिन गाँव-क़स्बों में अंग्रेज़ी सीखें कैसे?

उन्होंने मुझे बताया कि उनके गाँव में मोटे जिल्द वाली अंग्रेज़ी किताबें मिलती थी। वह कहाँ से आयी, कब आयी, यह उन्हें नहीं पता, लेकिन हर पढ़े-लिखे घर में मिल जाती। बाद में उन्हें मालूम पड़ा कि ये सभी किताबें सोवियत रूस से आ रही थी। मैं यह सुन कर चौंक गया क्योंकि मेरी भी शुरुआत कुछ ऐसे ही हुई। रादुगा प्रकाशन की किताबें कैसे हमारे हाथ में आयी, यह स्मरण ही नहीं। इतना तय है कि हमने ये किताबें ख़रीदी नहीं,

द्यन ही मैं किसी मार्क्सवादी परिवेश में पला-बढ़ा। ये किताबें यूँ ही मिल जाया करती। गीता प्रेस के 'कल्याण' पत्रिका, और सारिका पत्रिका के पुराने अंकों के बीच ये रादुगा, प्रोग्रेस और मीर प्रकाशन की किताबें भी झाँकती रहती। हालाँकि किशोरावस्था में रीडर्स डाइजेस्ट के पुराने अंक भी उठा कर लाने लगा, लेकिन रूसी साहित्य भी मजबूती से अपनी दख़ल दे रहे थे।

ये रूसी किताबें लगभग उस अवस्था से ही हमारे मस्तिष्क के सिलवटों में गयी, जिसे किशोर रचनात्मक उम्र (formative years) कह सकते हैं। इनसे हमारा व्यक्तित्व निर्धारित होता है। उन किताबों को सोवियत प्रोपोगैंडा टूल की तरह देखा जा सकता है (जो वे थी भी) लेकिन बढ़िया जिल्द में, अच्छे काग़ज़ पर, सचित्र, हर उम्र के लिए ऐसी सस्ती किताबें कहाँ मिलती हैं? इसी बहाने तमिलनाडु और बिहार के दो बच्चे थोड़ी-बहुत अंग्रेज़ी सीख गये, बाद में महीन अक्षरों वाली मेडिसिन की मोटी किताबें आसानी से पढ़ गये। इस स्वीकारोक्ति से मुझे या उन मित्र पर घोर साम्यवादी का ठप्पा न लगाया जाये। इस तर्क से देखें तो मेडिसिन की किताबें अमरीका से छप कर आ रही थी, तो क्या हम अमरीकावादी हो गये? ज़रूरी नहीं कि दुनिया में हर व्यक्ति को कोई न कोई 'वाद' अपनाना ही हो।

यूँ भी अस्सी के दशक में सोवियत का आभामंडल घटने लगा था। जो लोग साठ-सत्तर के दशक में कॉलेज जा रहे थे, उनके अनुभव मुझसे अलग होंगे। उनमें से कई भारतीयों के अन्दर कुछ छटाँक अधिक रूस आया होगा, जबकि मेरे अन्दर सोवियत की कुछ आखिरी बूँदें आयी।

मेरे एक मित्र को जब मैंने बताया कि रूस की कहानी लिख रहा हूँ, उन्होंने कहा कि मुझे दो नाम हर रोज़ अख़बारों में दिखते। एक थे मिखाइल गोर्बाचेव, दूसरे गुलबुद्दीन हिकमतयार। यह सोवियत विघटन की पृष्ठभूमि और विश्व की भू-राजनीति बदलने का दौर था। सोवियत के तिलिस्म के भंगुर होने का समय था। लेकिन, रूस का अर्थ सिर्फ़ सोवियत साम्यवाद तो नहीं है। रूस तो एक संस्कृति है। तॉलस्तॉय, चेखोव या निकोलाई गोगोल के समय कौन-सा साम्यवाद आया था? उनके पात्रों में कोई सेवोस्तोपोल, कोई कीव, तो कोई मॉस्को में अगर होगा, तो उनके वंशज भी वहीं कहीं होंगे। राजनैतिक उथल-पुथल के मध्य एक आम रूसी की संस्कृति कोई सौ साल में तो तैयार नहीं हुई।

अमरीका की एक प्रयोगशाला में मेरे साथ एक युवती थी, जो गणितीय सूत्रों से मानव व्यवहारों के सिद्धांत तलाश रही थी। मुझे यह अन्देशा था कि

रूसी गणित में उस्ताद होते हैं। एक इरोदोव की भौतिकी की किताब मैंने कभी पढ़ी थी, और शतरंज के शौक की वजह से कई रूसी नाम जबान पर थे। वह युवती कीव से थी, जो रूस से अलग यूक्रेन का हिस्सा बन चुका था, किंतु उसके मिज़ाज में वही रूस था, जो मैंने किताबों में पढ़ा था। मैं स्टीरियोटाइप नहीं करना चाहता, क्योंकि उसके बाद भी कई रूसी मिले, और सभी के अलग-अलग व्यवहार थे। अक्खड़ और मितभाषियों से लेकर चुलबुली बातूनी छवियों तक। दुनिया के सबसे बड़े देश पर कितना भी समानतावाद का आवरण डाल दिया जाये, उसकी विविधता तो उभर कर आ ही जायेगी।

मैं इस पुस्तक में साम्यवादी या लाल रूस का इतिहास नहीं लिख रहा। उस इतिहास लिखने में लड़खड़ाने का ख़तरा अधिक है। भारत का एक बड़ा पढ़ाकू और बुद्धिजीवी वर्ग उस इतिहास से वैचारिक और भावनात्मक स्तर पर इस कदर तक जुड़ा है, कि वे मुझे कटघरे में खड़ा कर देंगे। वह ख़तरा इस किताब में भी है, क्योंकि यहाँ तो मैंने ज़ारशाही का इतिहास लिखा है। उस ज़ारशाही का, जिसे नेस्तनाबूद कर ही साम्यवाद की स्थापना हुई। इससे तो मुझ पर सामंतवादी मानसिकता का ठप्पा लग सकता है। इस किंकर्तव्यविमूढ़ स्थिति में तो कलम ही बँध जायेगी, इसलिए इतना जोखिम उठा लेता हूँ।

मैं इस पुस्तक को पारम्परिक इतिहास के दायरे में नहीं रख सकता, क्योंकि मैं इतिहासकार तो हूँ नहीं। इसे लोकप्रिय इतिहास कथा की तरह देखा जा सकता है। एक पुल की तरह जो अकादमिक इतिहास को हम जैसे लोगों तक पहुँचाती है। अपनी पिछली पुस्तक 'कुली लाइन्स' में मैंने लेखकीय स्वतन्त्रता कम ली थी, जबकि इस किताब में खुल कर ली है। ख़ास कर बन्द कमरे में हुए संवादों को कई स्थानों पर मैंने स्वयं गढ़ा है। कई बार मैं प्रवाह में उत्साहित हो गया हूँ, लेकिन क़लम के उत्साह पर नियन्त्रण कठिन है।

मैंने स्वयं निष्कर्ष यह निकाला कि मेरा बचपन अगर रूसी साहित्य में निकला, तो उम्र का एक पड़ाव अमरीकी साहित्य से भी गुज़रा। मैं साम्यवाद के ढलान वाली पीढ़ी से हूँ, और फ़िलहाल एक पूँजीवाद पोषित जनकल्याण ıकारी राज्य (वेलफेयर स्टेट) में रहता हूँ। इस तरह मेरे अन्दर विचारों का एक कॉकटेल बन चुका है, जिसके अपने फ़ायदे और नुक़सान होंगे।

इस पुस्तक में रूस के बनने की कथा है। कथा उस काल-खण्ड से शुरू होती है जब रूस था ही नहीं, और धीरे-धीरे इसे दुनिया का सबसे बड़ा देश बना देती है। ज़ाहिर है यह सफ़र एक सीधी रेखा न होकर, उथल-पुथल से भरा होगा। इसमें लाइट्स, कैमरा, ऐक्शन सभी होंगे।

रक्तपात होगा, वैभव का चरमोत्कर्ष होगा, षड्यन्त्र होंगे, सनक होगी, बुद्धि होगी, अभिलाषा होगी। कई संस्कृतियों का मेल और टकराव होगा।

पुस्तक के अन्त में मैंने नोट और सन्दर्भ दिये हैं, लेकिन प्रवाह में कुछ सन्दर्भ छूट भी गये होंगे। इसलिए मैंने इसे लोकप्रिय इतिहास कह कर पल्ला झाड़ने की कोशिश की है। इसकी दूसरी वजह यह भी है कि मैं डॉक्टरी करने के बाद लिखता हूँ, किताबों या अन्य स्रोतों से इसे कागज़ पर उड़ेलता हूँ, कई चीज़ों को सर्वविदित मान कर लिख जाता हूँ। अगर वापस ढूँढूँ तो हर वाक्य के सन्दर्भ शायद मिलते चले जायेंगे, लेकिन यह लम्बा व्यायाम हो जायेगा। विचार मन से गिरे होंगे, संवाद गढ़े होंगे, लेकिन तारीख़ और घटनाएँ तो किसी स्रोत से ही होंगे। मुझे खुशी होगी अगर मेरे ईमेल-doctorjha@gmail.com पर सम्पर्क कर किसी अधूरी जानकारी के विषय में पूछ लिया जाये। अगर मेरी जेहन में होगा, या मेरे संग्रह में होगा, तो मैं उपलब्ध करा दूँगा।

ऐसी लोकप्रिय इतिहास रुचि की पुस्तकों के विषय में वाणी प्रकाशन से चर्चा होती रही थी, और अदिति माहेश्वरी जी ने रुचि दिखायी। नतीजा़ यह कि एक किश्त आपके सामने है। इसके लिए मैं प्रकाशन का बहुत आभारी हूँ, जिन्होंने इसका संपादन किया और दिशा-निर्देश दिया। इसे किश्त इसलिए कह रहा हूँ, क्योंकि भारत और विश्व इतिहास पर यथासम्भव कलम चलती रहेगी। मसलन यह पुस्तक जहाँ ख़त्म होती है, वहाँ से भी एक नयी यात्रा शुरू हो सकती है।

साइबेरिया। एक सोया हुआ प्रदेश।

दुनिया के सबसे विशाल देश का सबसे बड़ा क्षेत्र, जहाँ लगभग उतने ही लोग रहते हैं, जितने भारत के एक राज्य पंजाब में। आज से सौ साल पहले वहाँ इसके दशांश रहते थे, जबकि इस क्षेत्र में चार भारत जैसे देश समा जायें। मॉस्को से व्लादीवॉस्तोक तक दुनिया की सबसे लम्बी ट्रेन लगभग छह दिन तक चल कर नौ हज़ार किलोमीटर से अधिक का सफर तय करती है। यूराल के पहाड़ों को पार कर एक ऐसे वीराने में ले जाती है, जहाँ पृथ्वी का कठिनतम मौसम है। जहाँ ठण्ड होती है तो –70 डिग्री का तापमान, और गर्मी होती है तो 34 डिग्री।

कई वर्षों तक यह एक रहस्यमय प्रदेश रहा, जहाँ सभ्यता का 'स' भी नहीं पहुँच पाया था। जब रूस के ज़ार (सम्राट) का इस क्षेत्र पर क़ब्ज़ा हुआ, उस समय भी यह इलाका ऐसा नहीं था जहाँ 'मनुष्य' रहते हों। किंवदन्तियाँ प्रचलित थीं कि यहाँ कुछ नरभक्षी तान्त्रिकों और जंगली आदि-मानवों का वास है। यहाँ का क़ानून दुनिया के क़ानून से अलग था। यह रूस में होकर भी रूस नहीं था। एशिया में होकर भी एशिया नहीं था।

यहाँ ज़ार से लेकर स्टालिन तक के समय तक 'काला पानी' की तरह यातना देने के लिए भेजा जाता। एक साधारण मानव को अगर साइबेरिया में यूँ भी छोड़ दिया जाता; वह या तो मर जाता, या पशु बन जाता। जानवरों को मार कर कच्चा खाने का आदी बन जाता। धीरे-धीरे कुछ जुझारू शिकारी-किसान यहाँ आकर बसने लगे। जिन्हें लगा कि पृथ्वी का यह विशालतम वीरान भू-भाग आखिर वीरान क्यों रहे।

आज जो कहानी शुरू कर रहा हूँ वह इस मानव-रहित, सभ्यता-रहित ज़मीन से शुरू तो हो रही है, मगर ख़त्म आधुनिक दुनिया की सबसे बड़ी मानव-क्रान्ति से होती है। इस कहानी को सोचते हुए सत्तर के हिप्पी दशक का एक वाइरल गीत सुनने लगा।

There lived a certain man in Russia long ago
He was big and strong, in his eyes a flaming glow
Most people looked at him with terror and with fear
But to Moscow chicks he was such a lovely dear

He could preach the Bible like a preacher
Full of ecstasy and fire
But he was also the kind of teacher
Women would desire

'सालों पहले रहता था रूस में एक आदमी,
वह था बड़ा और तगड़ा, उसकी आँखें थी चमकीली
उसे देख कर लोग खाते थे ख़ौफ़, लेकिन
उससे प्यार करती मॉस्को की हर छोरी

वह पढ़ता था बाइबल जैसे कोई उपदेशक
उसकी वाणी में थी अग्नि, और था परमानन्द
लेकिन वह था ऐसा शिक्षक
जिसे चाहती थी हर स्त्री'

रूस एक रहस्य है। ऐसा नहीं कि इतिहास की किताबों में रूस नहीं, मगर वह बीसवीं सदी के बाद का इतिहास है। हमारे जुबान पर लेनिन-स्टालिन तो हैं, मगर उससे पूर्व का इतिहास दब गया। वहाँ के सम्राटों 'ज़ार' का ऐसा आततायी चित्रण हुआ कि उन्हें पढ़ा-पढ़ाया कम गया। दुनिया के सबसे बड़े देश के विषय में हम सबसे कम जानते हैं जबकि अगर तफ़तीश की जाये, तो शायद उन साइबेरिया और स्टेपी घास मैदानों से भारतीयों का भी कुछ रिश्ता निकल जाये।

मैं रूसी प्राथमिक क्रॉनिकल[1] के पन्ने पलटने लगा, जो शून्य से रूस के बनने की कहानी कहती है। इसकी शुरुआत एक अविश्वसनीय मिथक से होती है।

पुस्तक में वर्णित है– प्रलय के बाद नोहा के तीन पुत्रों शेम, हाम और जपेथ 'यपेथ' ने आपस में दुनिया बाँट ली। यपेथ के हिस्से रूस और यूरोप के अन्य हिस्से आये। स्लाव मूल के लोग इन्हीं यपेथ के वंशज हैं, जिनकी भाषा स्लाविक थी। ये शुरुआत में डैन्यूब नदी के किनारे बसने लगे,

और इनके कुछ टुकड़े धीरे-धीरे उत्तर की ओर बढ़ने लगे। इन्होंने एक नावगराड (Novgorod) नामक स्थान बसाया।

यहीं 852 ईसवी में एक माइकल नामक राजा बने।[2] यह ध्यान रहे कि उस वक़्त तक ग्रीस और रोमन सभ्यताएँ अपने चरम पर पहुँच कर ख़त्म हो चुकी थी, भारत में आख़िरी हिन्दू शासक शासन कर रहे थे, चीन की सभ्यता पुरानी हो चली थी, इस्लाम और ईसाई धर्मों के मध्य संघर्ष चल रहा था। दुनिया अब तेजी से बदलने लगी थी, और सभ्यताओं में लेट-लतीफ रूस के पहले शासक अभी गद्दी ही सम्भाल रहे थे। वह भी आख़िर कब तक सम्भालते, जब पड़ोस में खूँख़ार वाइकिंग हों, जिनकी दहशत से पूरा यूरोप भयभीत हो। अब तक तो ख़ैर रूस को अपना नाम 'रूस' भी नहीं मिला था।

टिप्पणी

1. रशन प्राइमरी क्रॉनिकल, अनुवाद– क्रॉस, सैम्यूअल एच. और शोरबोवितज-वेटजेर, ओलगर्द पी., मीडीवल अकैडमी ऑफ़ अमेरिका, कैम्ब्रिज, मसचुस्सेट्स, 1953
2. रशन प्राइमरी क्रानिकल के अनुसार आदम से प्रलय तक 2242 वर्ष बीते, प्रलय से अब्राहम तक 1082 वर्ष, मूसा के पलायन तक 430 वर्ष, डेविड तक 601 वर्ष, डेविड और सालोमन से जेरूसलम के क़ब्ज़े तक 448 वर्ष, यीशु के जन्म तक 651 वर्ष, रूस के पहले शासक माइकल तक अगले 852 वर्ष।

अनुक्रम

धर्मयुद्ध

मैं नॉर्वे में एक संग्रहालय में यहाँ के वाइकिंगों के बनाये जहाज़ देख रहा था। उनके देवताओं को देखा। यूँ लगा जैसे कि किसी चोल राजा का जहाज़ यहाँ बह कर आ गया। यूरोपीय इतिहासकार इन वाइकिंगों को ख़ूँख़ार समुद्री लुटेरे कहते रहे हैं। नौवीं सदी में वाइकिंग उत्तर से दक्षिण, पूरब से पश्चिम लूटपाट करते हुए गुज़रते। कोई उन्हें वाइकिंग कहता, कोई वंगैरियन, और कोई कहता रूस!

रूस का एक अर्थ है– जो नाव चला कर (row) आये।[1] 862 ईसवीं में इसी तरह एक दिन वाइकिंग सरदार रुरिक अपने दो भाइयों और दल-बल के साथ नाव्गराड पहुँचे, तो उनको स्थानीय निवासियों ने कहा[2],

> *'हम यहाँ वर्षों से रह रहे हैं। खुशहाल और समृद्ध हैं। लेकिन, यहाँ कोई व्यवस्था नहीं है। तुम लोग यहाँ आकर क्यों नहीं शासन करते? आख़िर तुम शक्तिशाली हो, हमारी रक्षा कर सकते हो।'*

रुरिक वहीं आकर बस गये और इस तरह रूस का एक देश के रूप में जन्म हुआ। इसके शासक भले ही रूस कहे जाते जबकि इसके मूल निवासी स्लाविक थे। इन बाहरी शासकों ने अपनी वाइकिंग संस्कृति लायी, लेकिन अपने देवी-देवता अधिक नहीं थोपे। यहाँ स्लाव और तुर्क देवों की मूर्ति पूजा हुआ करती थी। हालाँकि, उस समय तेजी से इस्लाम और ईसाई धर्म अपना विस्तार कर रहे थे। पेगन या काफ़िर समुदायों के धर्म-परिवर्तन के लिए साम, दाम, दण्ड, भेद नीति चल रही थी।

रुरिक वंश के अभी चार दशक भी नहीं हुए थे, कि रानी ऑल्गा[3] (890?-969) कुस्तुनतुनिया की यात्रा पर गयी और ईसाई बन कर लौटी। हालाँकि उन्होंने अपने बेटों पर या रूस पर ईसाई धर्म नहीं थोपा। दसवीं सदी में तो रूस के राजा व्लादीमीर महान '958-1015 ई.' राजधानी कीव में एक भव्य मन्दिर का निर्माण कर रहे थे।

बिजिंटीन (Byzantine) साम्राज्य के लिए यह आवश्यक था कि रूस ईसाईयत अपना ले। मुसलमानों से धर्मयुद्ध में रूस के आने से उनकी शक्ति कहीं अधिक बढ़ जाती। मगर व्लादिमीर को डराना-धमकाना तो असम्भव था, क्योंकि वह अपनी सैन्य-शक्ति से रूस का विस्तार ही करते जा रहे थे। कुछ और रास्ता सम्भव था।

राजा व्लादिमीर के दरबार में उनके गुप्तचर ने सूचना दी[4],

'महाराज! कुस्तुनतुनिया के महल में एक शाही जामुनी कक्ष 'पर्पल चैम्बर' है। वहाँ विश्व की सबसे ख़ूबसूरत राजकुमारी एन्ना रहती हैं। सुना है उनका दीदार किसी को नसीब नहीं।'

'किसी को नसीब नहीं? भला ऐसी क्या ख़ूबसूरती?'

'शायद वह किसी सुन्दर राजकुमार का इन्तज़ार कर रही हो'

राजकुमारी के ख़्यालों में राजा व्लादिमीर की नींद उड़ने लगी। उन्होंने बिज़िंटीन पर आक्रमण का निर्णय लिया। कुछ ही महीनों बाद द्नाइपर नदी से गुजरते रूसी जहाज़ लूट-पाट मचाते हुए बिज़िंटीन साम्राज्य में घुस गये। बिज़िंटीन नगर एक-एक कर गिर रहे थे। आख़िर काला सागर के किनारे क्रीमिया क्षेत्र में बिज़िंटीन राजा बेसिल द्वितीय उनके पास संधि-प्रस्ताव लेकर पहुँचे।[5]

व्लादिमीर ने कहा, 'मैं यह क्षेत्र छोड़ कर जाने को तैयार हूँ। आप पर अगर अरब आक्रमण करता है, तो मैं रक्षा भी करूँगा, लेकिन, मेरी एक शर्त है। आप अपनी बहन राजकुमारी एन्ना का विवाह मेरे साथ करा दें।'

'यह तो मेरी खुशनसीबी होगी, लेकिन, मेरी बहन एन्ना किसी भी ग़ैर-ईसाई से विवाह नहीं करना चाहती।'

'यह कोई मसला नहीं। मेरी दादी महारानी ओल्गा ईसाई बनने को तैयार थीं। मेरे पास मुसलमान बनने का भी प्रस्ताव आया था, मगर उसमें शर्त थी कि शराब छोड़नी होगी। हम रूसी शराब के बिना नहीं जी सकते। आपके धर्म की क्या रीत है?'

'आप हमारी राजधानी में हागिया सोफ़िया गिरजाघर आयें और स्वयं अपनी आँखों से देख लें। व्रह स्थान पृथ्वी और स्वर्ग के मध्य स्थित है।'

'अवश्य आऊँगा। अगर आपके धर्म ने मुझे प्रभावित किया, तो मैं यह वचन देता हूँ कि इसी द्नाइपर नदी के किनारे अपने समस्त नागरिकों के साथ ईसाई बन जाऊँगा। फिर तो आप अपनी बहन का हाथ दे देंगे?'

'अगर आप ईसाई बन गये, तो मेरी बहन को कोई आपत्ति नहीं होगी। मुझे विश्वास है कि यह विवाह हमारी आने वाली पीढ़ियों का भविष्य बदल देगी।'

अगर देखें तो कितनी साधारण घटना है। एक राजा को एक राजकुमारी से आसक्ति हुई, और उन्होंने अपना धर्म बदल लिया। वीर व्लादिमीर महान अब सन्त व्लादिमीर बन गये थे, और पेगन मन्दिर की बजाय हागिया सोफ़िया की तर्ज़ पर सोफ़िया गिरजाघर बना रहे थे। उनके बारह पुत्र ईसाई प्रचारक बन कर चारों दिशा में निकल पड़े थे। यह कोई छोटा-मोटा राज्य नहीं था, जो ईसाई बन गया। बाल्टिक से प्रशान्त महासागर तक हज़ारों किलोमीटर तक फैला दुनिया का सबसे बड़ा ईसाई देश बनने जा रहा था।

यूरोपीय मूर्तिपूजकों का स्वेच्छा से ईसाई बनना या जबरन बनाया जाना यूरोप की शक्ल-सीरत बदल रहा था। ख़ास कर स्केंडिनेविया और रूस के वाइकिंग मूल योद्धाओं का ईसाई धर्म अपनाना एक स्थायी सांस्कृतिक बदलाव दे गया, जो आज तक नज़र आता है। इसका लाभ यह हुआ कि बिखरे हुए कबीलों को बाइबल के रूप में एक मार्गदर्शक किताब मिल गयी। उनकी जीवनशैली कम आक्रामक और अधिक सुनियोजित हो गयी। जहाज़ी लूट की प्रवृत्ति जाती रही, और कुछ हद तक आर्थिक और सामाजिक उन्नति हुई।

हानि यह हुई कि उनकी शक्ति घट गयी। रूस के राजा व्लादिमीर के पुत्र बोरिस, जो ईसाई प्रचारक बने, उनके अपने भाई ने ही उन्हें मार डाला। भले ही वे ईसाई शहीद की तरह पूजे गये, लेकिन ख़ून का बदला ख़ून की वाइकिंग प्रवृत्ति नहीं रही। हाथ में फरसा लिए युद्ध करने वाले वाइकिंग अगर बाइबल लिए घूमने लगें तो क्या होगा? भारतीय सम्भवत: सम्राट अशोक के बौद्ध धर्म अपनाने के बाद मौर्य वंश के पतन से इसे जोड़ सकें।

प्रश्न यह उठ सकता है आख़िर ईसाई धर्म अपनाने के बाद रूस पर आक्रमण कौन करता? ईसाई तो नहीं ही करते। अगर मुसलमान करते तो ईसाई राज्य सहयोग करने आते, लेकिन, हम भूल रहे हैं कि एक तीसरी शक्ति भी थी, जिनसे लड़ने की क्षमता सिर्फ खूँखार वाइकिंगों में ही थी। वही अन्दाज़। वही लूट-पाट करते, मार-काट मचाने की प्रवृत्ति। वही कबीलाई निर्दयता। वे न ईसाई थे, न मुसलमान। मैं बात कर रहा हूँ मंगोलों की!

तेरहवीं सदी में चंगेज़ ख़ान चीन की दीवार लाँघ कर, पूरे चीन को गुलाम बनाते हुए, आज के इरान-इराक पर कब्ज़ा कर चुके थे। अब वह यूरोप में दस्तक दे रहे थे। यह रूस का भाग्य था कि 1227 ई. में चंगेज़ ख़ान की मृत्यु हो गयी, लेकिन, यह भाग्य अल्पकालिक था।

अगले ही दशक में चंगेज़ ख़ान के पोते बातू ख़ान (1205–1255) एक लाख घुड़सवारों[6] के साथ रूस में दाखिल हुए। वह बुल्गारिया को लूटते हुए आये और कीव शहर को नेस्तनाबूद कर दिया। रूस की ज़मीन खून से सन गयी, नगर के नगर समतल हो गये, रूसी गुलाम बना कर बेचे गये। नाव्गराड क्रॉनिकल में 1237 ईसवी के उस मन्ज़र कर वर्णन है[7],

> *'टार्डर्ज़ (tartars) भारी संख्या में टिड्डियों की तरह आये...और मॉस्को के लोग भाग गये। टार्डर्ज़ ने 21 दिसम्बर को नगर पर क़ब्ज़ा कर लिया...उन्होंने पुरुषों, स्त्रियों, बच्चों, सन्तों, ननों, और पादरियों को मार डाला। किसी को जला डाला तो किसी के शरीर में तलवार घुसेड़ दी। स्त्रियों का उनके परिवार के सामने सामूहिक बलात्कार किया'*

मंगोल जर्मनी तक पहुँच चुके थे, और सम्भवतः पूरे यूरोप पर कब्जा कर लेते; लेकिन तभी मंगोल राजा ओगेदी ख़ान (चंगेज़ ख़ान के पुत्र) की मृत्यु की ख़बर मिली। सेना वापस लौट गयी, और ईसाई यूरोप कुछ हद तक बच गया।

लेकिन रूस नहीं बच सका। वहाँ 1240 से 1480 ईसवी तक मंगोलों का शासन रहा, जिनका हिन्दी नाम दूँ तो 'स्वर्ण मण्डली' कहलायेगी। दुनिया उन्हें 'गोल्डन होर्ड' (Golden Horde) के नाम से जानती है। रूस ही नहीं, दुनिया के बड़े हिस्से पर इनका दबदबा लगभग डेढ़ सौ वर्ष तक रहा।[8]

चंगेज़ ख़ान, कुबलाई ख़ान या तेरहवीं सदी के कोई भी ख़ान मुसलमान नहीं थे। यह स्पष्ट रखना भारतीय पाठकों के लिए जरूरी है, क्योंकि यह आधुनिक भारत–पाकिस्तान का प्रचलित मुस्लिम उपनाम है। अरब, इरान, इराक या अन्य अधिक रूढ़ मुस्लिम देशों में यह उपनाम शायद कम या नहीं मिलें।

चंगेज़ ख़ान का मूल नाम तेमूझिन था, और चंगेज़ ख़ान नाम बाद में अपनाया, जिसका शाब्दिक अर्थ 'विश्व का राजा' बनता है। एक धारणा यह है कि ख़ान शब्द की उपज चीन के प्राचीन राजवंश 'हान' वंश से है, जो वहाँ की हानशुई नदी से लिया गया। जब मंगोल कबीलों ने पश्चिम एशिया पर कब्जा किया तो कई अन्य कबीलाई सरदार खागन, काघन आदि प्रयोग करने लगे। कालान्तर में पश्तून 'पठान' समुदाय ने ख़ान उपनाम अधिक अपनाया, और बहुधा वहीं से भारत आया।[9]

आख़िर चंगेज़ ख़ान का धर्म क्या था, और रूस के इतिहास में इसकी क्या भूमिका है?

चाहे वाइकिंग हों, उत्तरी मंगोल हों, या साइबेरिया के रूसी, इनमें तान्त्रिक 'शामन' और कुछ विचित्र 'कल्ट' का प्रभाव रहा है। यह बात इस लेखन के शीर्षक किरदार रासपूतिन की चर्चा के साथ भी स्पष्ट होगी। चंगेज़ ख़ान के समय कई मंगोल एक ऐसी ही तेंग्री 'शामन' और बौद्ध मिश्रित धर्म पालन करते थे।[10]

यह मानने में कोई गुरेज नहीं कि मंगोलों का 'गोल्डेन होर्ड' विश्व इतिहास के सबसे बड़े एकत्रित साम्राज्य पर राज करता था। चंगेज़ ख़ान के बाद उनके पोतों ने यह चार हिस्सों में बाँट लिया। जैसे रूस का हिस्सा बातू ख़ान को मिला, चीन कुबलाई ख़ान और बग़दाद का हिस्सा हलाकू ख़ान को। इन्होंने न सिर्फ़ रूसी ईसाइयों बल्कि पश्चिम एशिया के मुसलमानों को खदेड़ दिया।

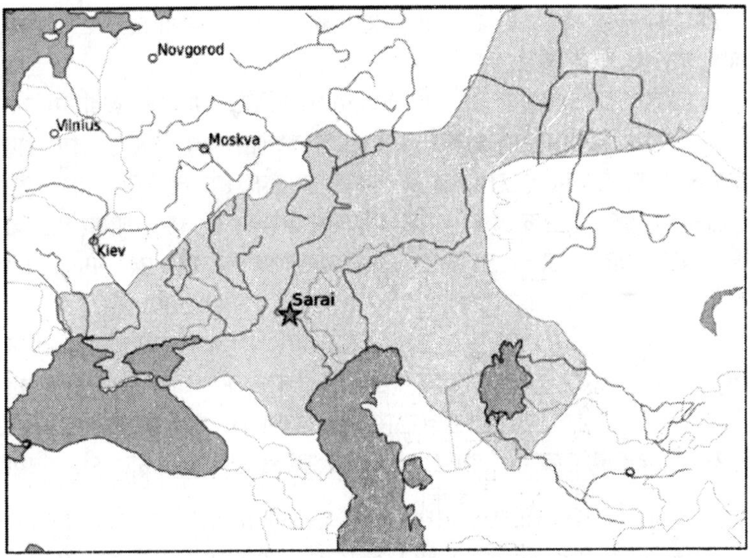

चित्र 1 : 'गोल्डन होर्ड' 'स्वर्ण मण्डली' का विस्तार, वर्ष 1389
(स्रोत : विकिमेडिया कामंज़)

बहरहाल, रूस के रुरिक राजवंश का केन्द्र कीव तो ध्वस्त हो चुका था। एक गिरजाघर, एक इमारत नहीं बची। मंगोलों ने उन्हें कहीं का नहीं छोड़ा। वे तो ख़ानाबदोशी कबीले थे, जिन्हें तम्बू गाड़ना आता था, घर बनाना नहीं। ऐसा ही एक तम्बुओं का नगर उन्होंने वोल्गा नदी के किनारे बसाया।

यहाँ जब आस-पास व्यापार 'अथवा लूट-पाट' कर आते तो घुड़सवार सुस्ताते। इस शहर का नाम पड़ा- सराय (आज के स्टालिनग्राद के निकट)।

बचे-खुचे रूसी ईसाइयों ने सुदूर उत्तर में नोवगोरोड राज्य बसाया और उनके राजा दिमित्री मंगोलों से लड़ने के लिए कमर कसने लगे। मोस्कवा नदी के किनारे क़िलाबन्दी की गयी, नगर का नाम पड़ा- मॉस्को। वहीं सफ़ेद पत्थर से बना एक किला खड़ा किया गया, जिसका नाम पड़ा- क्रेमलिन![11]

जब मंगोलों तक यह ख़बर पहुँची, उनके एक सरदार मेमई एक टुकड़ी लेकर मॉस्को की ओर बढ़े। मगर दिमित्री से उन्हें हार का सामना करना पड़ा। यह हार मंगोलों को बर्दाश्त नहीं हुई। 1382 में तोख़्तमिश ख़ान की सेना ने मॉस्को पर आक्रमण कर पूरे नगर में आग लगा दी। दिमित्री को नगर छोड़ कर भागना पड़ा। विडम्बना यह कि मंगोलों से रूस को मुक्ति दिलाने में जिस व्यक्ति का बड़ा हाथ था, वह चंगेज़ ख़ान का ही एक स्वघोषित उत्तराधिकारी था। नाम था तैमूर लंग!

शायद इन मतवाले हाथियों का भी वही हल था, जो वाइकिंग का किया गया- धर्म-परिवर्तन। कई कबीलों ने इस्लाम धर्म क़बूल लिया था। हलाकू ख़ान को पहले ही मिस्र के बहरी ममलूक हरा चुके थे। तैमूर लंग (1336-1405) नामक एक अमीर पश्चिम एशिया में उभर चुका था, जो धीरे-धीरे मंगोल साम्राज्य पर अपना अधिकार जमा रहा था। मूल मंगोल नहीं होने के कारण उसे 'ख़ान' पदवी के प्रयोग की इजाज़त नहीं थी।

1395 में तैमूर लंग एक लाख़ घुड़सवारों के साथ मॉस्को की तरफ़ बढ़ा।[12] उसने सराय शहर को पूरी तरह नष्ट किया और तोख़्तमिश ख़ान को भागना पड़ा। मंगोलों का आत्मविश्वास इस घटना के बाद टूटने लगा, और धीरे-धीरे उनका साम्राज्य समाप्त हुआ। इस शक्ति के ख़त्म होते ही, दुनिया फिर से ग्राउंड ज़ीरो पर आ गयी।

रूस ईसाई धर्म की धुरी है। कम्युनिस्ट छवि के कारण यह बात अजीब लग सकती है, लेकिन यूरोप के सबसे अधिक ईसाई रूस में ही बसते हैं। इसे समझने के लिए हमें इतिहास में पीछे लौटना होगा।

यीशु मसीह ने जब ईसाई धर्म की स्थापना की, तो वह एक झटके में पूरी दुनिया में नहीं फैल गया। उसे तो रोमन साम्राज्य में भी मान्यता नहीं मिली। ईसाई प्रचारकों को सूली पर लटकाया जाता, सजा दी जाती। जब तक धर्म को राजनैतिक प्रश्रय नहीं मिलता, यह आगे कैसे बढ़ता?

ईसा के तीन सदी बाद पहली बार आर्मीनिया नामक छोटे राज्य ने इसे राजधर्म घोषित किया।[13] रोम के गिरने के बाद जब कुस्तुनतुनिया नयी राजधानी बनी, तो चौथी सदी में वहाँ यह राजधर्म बना। क़ायदे से धर्म का विस्तार करने के लिए ग्रन्थ बनने शुरू हुए, गिरजाघर बने, विमर्श परिषद बने। वे स्वयं को परम्परावादी 'ऑर्थोडॉक्स' ईसाई कहते, और ताम-झाम के साथ 537 ईसवी में हागिया सोफ़िया गिरजाघर बनाया। यहीं से यह धर्म रूस पहुँचा जिसकी चर्चा मैंने की है।

वहीं दूसरी तरफ फ्रांस के शार्लेमन (748-814) नामक राजा ने पश्चिमी यूरोप में ईसाईयत लाने में बड़ी भूमिका निभायी, लेकिन, वे रोम के पोप को अधिक महत्त्व देने लगे। उनका कहना था कि चूँकि यीशु के शिष्य सन्त पीटर ने वहाँ नींव रखी थी, तो वहीं के पोप सर्वमान्य होने चाहिए। वे कैथॉलिक कहलाये।

इस तरह ईसाई धर्म दो खण्डों में बँट गये। एक जो सीधे यीशु मसीह की शिक्षाओं और अपने स्थानीय गिरजाघर को महत्त्व देते थे। दूसरे वह जो रोम के पोप को ही सर्वोच्च मानते थे। यह विभाजन तेरहवीं सदी में खुल कर आ गया, जब रोमन पोप के आदेश पर 'क्रूसेड' (धर्मयुद्ध) हुआ। पश्चिम यूरोप की सेनाएँ मुसलमानों से इस्ताम्बुल वापस छीनने आयी, और उसके बाद ईसाई कुस्तुनतुनिया भी रौंद कर चली गयी।[14]

धीरे-धीरे ऑर्थोडॉक्स ईसाई का परचम गिरने लगा। जिस साम्राज्य ने इसे राजधर्म बनाया था, वही डूबने लगा। पन्द्रहवीं सदी में महमद द्वितीय के नेतृत्व में हमेशा के लिए कुस्तुनतुनिया पर मुसलमानों का कब्जा हो गया। हागिया सोफ़िया गिरजाघर को मस्जिद बना दिया गया। कुस्तुनतुनिया के गिरने के बाद रोमन पोप सभी ईसाइयों को उनकी सत्ता स्वीकारने कहने लगे। रूस ने रोम के पोप को ईश्वर का दूत मानने से इनकार कर दिया। उनके लिए अब भी ऑर्थोडॉक्स ईसाई ही मूल ईसाई धर्म था। कुस्तुनतुनिया गिर चुका था, तो मॉस्को ने झण्डा उठा लिया। अब ईसाई धर्म की दो धुरियाँ थीं– रोम और मॉस्को। कैथॉलिक और ऑर्थोडॉक्स की ये प्रमुख धुरियाँ आज तक कायम हैं।[15]

ऑर्थोडॉक्स ईसाईयत का झण्डा सदियों से बिखरते, लुटते रूस के लिए संजीवनी साबित हुआ। राजा वैसिली द्वितीय (1415-1462) के नेतृत्व में रूस पुनः एकत्रित और जागृत हुआ। अब उनके पास ईसाई धर्म का ठेका था, विशाल समृद्ध ज़मीन थी, मंगोल कमज़ोर पड़ चुके थे। और क्या चाहिए था? कोई फ़ंतासी नाम?

एक दिन राजा इवान तृतीय (1462-1505) ने बैठे-बैठे सोचा होगा[16], 'जैसे रोमन सीज़र कहलाते थे, मंगोल ख़ान, हम आज से कहलायेंगे- ज़ार (Tsar), और रूस कहलायेगा 'रोशिया'!'

टिप्पणी

1. नोर्वेजियन भाज़ा में roer शब्द प्रयोग में है। एल्डर हाइडी अपने ANF (Arkiv for Nordisk Filology) के पत्र 'Rus eastern Viking' and the viking rower shifting' etymology' में इसकी व्याख्या करते हैं। इस से ऐसे कबीलों का बोध होता है जो जहाज़ी यात्रा करते थे।
2. रशन प्राइमरी क्रॉनिकल, अनुवाद-क्रॉस, सैम्यूअल एच. और शेरबोवितज-वेटजेर, ओलगर्द पीत्र, मीडीवल अकैडमी ऑफ़ अमेरिका, कैम्ब्रिज, मसचुस्सेट्स, 1953
3. रानी ऑल्गा रूस की पहली रानी थी। वह अपने पति ईगोर की असमय मृत्यु के बाद रानी बने, क्योंकि राजकुमार स्वीऐटोस्लाव की उम्र कम थी।
4. संवादों का तथ्यों के आधार पर नाटकीकरण किया गया।
5. किंवदन्ती है- पहले व्लादिमीर के पास बुल्गारिया से एक मुसलमान आये, लेकिन वह शराब छोड़ने को कह रहे थे। उसके बाद वह रोम की तरफ़ मुड़े लेकिन लैटिन ईसाईयत का विरोध उनके पूर्वजों ने भी किया था। उसके बाद एक खज़र यहूदी (आज के कज़ाकिस्तान से) आये, लेकिन उनसे भी सहमति नहीं बनी। आख़िर एक ग्रीक ईसाई ने उन्हें कुछ धर्म-परिवर्तन के लिए आकर्षित किया। बिज़िंटीन राजकुमारी से विवाह के बाद यह पक्का हो गया। देखें- बुशकोविच, पॉल, अ कंसाइस हिस्ट्री ऑफ़ रशिया, कैम्ब्रिज यूनिवर्सिटी प्रेस, 2012
6. यह संख्या भिन्न-भिन्न स्रोतों में 40 हज़ार और एक लाख वर्णित।
7. मिचेल, रॉबर्ट और फ़ॉर्ब्ज़, नेविल (अंग्रेज़ी अनुवाद), 'द क्रॉनिकल ऑफ़ नावगराड', लन्दन ओफ़ीसेस ऑफ़ सोसायटी, लन्दन, 1914, पृ. 82-84
8. इसे रूस इतिहास में 'तातार योक' (Tatar Yoke) की संज्ञा भी दी गयी है, और रूस में मंगोल संस्कृति का प्रभाव कई मामलों में भिन्न था। देखें- हैल्परिन, चार्ल्ज़ जे., 'रशिया एंड द गोल्डन हॉर्ड', इंडीयना यूनिवर्सिटी प्रेस, ब्लूमिंटॉन, 1987, पृ. 7-8
9. खागन या ख़ान तुर्कों के माध्यम से चंगेज़ खान तक आया। ऐसी भी एक मान्यता है। देखें- हैल्परिन, चार्ल्ज़ जे., 'रशिया एंड द गोल्डन हॉर्ड', इंडीयना यूनिवर्सिटी प्रेस, ब्लूमिंटॉन, 1987, पृ. 23। इस उपनाम पर देखें- बॉयल, जे. ए., "खागन" अध्याय, 'द एन्साइक्लपीडीआ ऑफ़ इस्लाम, वॉल्यूम 4, पृ. 15
10. मैन, जॉन, अध्याय "द फ़ाउंडर ऑफ़ थे नेशन", 'द मंगोल एम्पायर', ट्रांसवर्ल्ड पब्लिशर्स, लन्दन, 2014
11. लकड़ी का क्रेम्लिन पहले से बना था, जिसके ध्वस्त होने के बाद 1302 ईसवी में पत्थर के क्रेम्लिन का निर्माण शुरू हुआ। देखें- ईयनिं, वी. एल., (मीडीवल नावगराड),

'हिस्ट्री ऑफ़ रशिया' (सम्पादन- पेर्री, मॉरीन), कैम्ब्रिज यूनिवर्सिटी प्रेस, 2006, पृ. 199

12. मार्टिन, जे., "द इमर्जेन्स ओफ़ मॉस्को", 'हिस्ट्री ऑफ़ रशिया' (सम्पादन- पेर्री, मॉरीन), कैम्ब्रिज यूनिवर्सिटी प्रेस, 2006, पृ. 160
13. अरसचिड राजवंश के राजा तिरिदतेस तृतीय ने 301 ईसवी में ईसाईयत को राजधर्म रूप में स्थापित किया। थेओडोसिस प्रथम (379-395) के समय बिज़िंटीन साम्राज्य में ईसाईयत को राजधर्म बनाया गया। देखें- स्कॉट, माइकल, 'एंचंट वर्ल्ड्ज़ : अ ग्लोबल हिस्ट्री ऑफ़ ऐंटिक्वटी', बेसिक बुक्स, न्यूयॉर्क, 2016
14. चौथा धर्मयुद्ध (1202-1204) पोप इनॉसेंट तृतीय के आदेश पर छेड़ा गया, जिसका उद्देश्य जेरूसलम पर ईसाइयों का पुनः नियन्त्रण था। लेकिन, कुछ राजनैतिक समीकरणों के कारण यह युद्ध कुस्तुनतुनिया की ओर मुड़ गया। कैथिलक ईसाई सेना ने हागिया सोफ़िया गिरजाघर को तोड़ते हुए कई पवित्र ग्रन्थ जला दिये। इस विनाश से स्वयं पोप का सिर शर्म से झुक गया। देखें- वर्योनिस, स्पेरोस, 'बिज़ैंटीयम एंड युरप', ब्रेस एंड वर्ल्ड, न्यूयॉर्क, 1967, पृ. 152
15. सोलहवीं सदी में प्रोटेस्टेंट रूप में तीसरा विभाजन हुआ, कई अन्य छोटी-बड़ी शाखायें हैं।
16. Russ (रूस) और Rossia (रोशिया) नाम पहले से मौजूद थे, जिनमें रूस स्कैंडिनेवीया मूल का था जबकि रोशिया ग्रीक मूल का। राजा इवान तृतीय के काल से रोशिया नाम अधिक लोकप्रिय हो गया।

ज़ार

'ज़ार' शब्द से रूस का कद अचानक बढ़ गया। यह पदवी उनके बाइबल में डेविड और सोलोमन के लिए प्रयोग हुई थी। मॉस्को ने स्वयं को नया जेरूसलम मानना शुरू कर दिया, और इसे ईश्वर का नया घर कहने लगे। उन्होंने बैजंटाइन साम्राज्य का 'दो सिर वाला बाज' (Double headed eagle) चिह्न ले लिया। कई गिरजाघर और ईसाई मठ बन गये। राजभवन क्रेमलिन की दीवारें 'ओल्ड टेस्टामेंट' के चित्रों से सुसज्जित हो गयीं। वहाँ गद्दी पर बैठा राजा अब ऐसा चमत्कारी पुरुष था, जिसके हर शब्द का वहाँ की जनता पालन करती। वह अब एक ऐसा तानाशाह था, जिसके पास धर्म की सत्ता थी।

इवान तृतीय (1462-1505) से लेकर उनके पोते इवान चतुर्थ (1530-1584) तक रूस अपना विस्तार करने लगा। वह जानते थे कि उनके पश्चिम में कैथॉलिक ईसाई हैं, दक्षिण में मुसलमान, और पूर्व में चीनी-मंगोल। इन सब से उन्हें अपने नये जेरूसलम यानी मॉस्को की रक्षा करनी थी और अपनी ज़मीन मजबूत करनी थी। उन्हें ज़मीन पर भी कुछ बदलाव करने थे।

ज़ार ने एक अभिजात्य वर्ग तैयार किया, जो 'बोयर' कहलाये। वे बड़े ज़मींदार बने, जिनके खेतों पर रूस के लाखों किसान काम करते, और वे इसका मुनाफ़ा कमाते। एक अन्य बड़ा ज़मींदार वर्ग सैनिकों का था, जिन्हें ज़ारशाही से वेतन के बजाय बड़ी ज़मीन मिल जाती। ज़ार बमुश्किल बीस-तीस शाही अभिजात्य सलाहकारों के साथ मिल कर देश चलाते थे। ये ख़ानदानी परिवार सदियों तक मालिक रहे, शेष रूस उनका नौकर। खैर, यह स्थिति तो उस वक्त लगभग पूरी दुनिया में थी।

उन्हीं दिनों उत्तर में एक आर्कंजेल नामक पोत बना, जहाँ ब्रिटिश और डच कम्पनी जहाज़ नॉर्वे का चक्कर लगा कर रूस पहुँचने लगे।[1] इन सबके बावजूद बाक़ी यूरोप की अपेक्षा रूस बहुत पीछे था। वहाँ क्रेमलिन और

गिरजाघरों के अलावा पक्के मकान नहीं थे। मॉस्को जैसे शहर की भी वही स्थिति थी। राजा इवान तृतीय और चतुर्थ ने इटली से कारीगर बुलवाये, और नये मॉस्को की संरचना शुरू हुई। मिलान और रोम की तर्ज पर इमारतें बनीं। यह और बात थी कि रोमन चर्च से उनका छत्तीस का आँकड़ा था, लेकिन उनकी संस्कृति से उन्हें मोह था।

रूस की प्रगति सही दिशा में हो रही थी। तभी, राजा इवान चतुर्थ ने कुछ ऐसा किया कि रुरिक राजवंश अपने अन्त के निकट आ गया। इवान का नाम हमेशा के लिए पड़ गया– 'इवान द टेरिबल' (इवान भयंकर)!

इवान यूँ ही टेरिबल नहीं बन गये। उनकी उम्र सिर्फ़ चार वर्ष थी, जब उनके पिता का देहान्त हो गया। इतने बड़े देश को यह अबोध बालक क्या सम्भाल पाता? उनकी माँ ने पाँच साल सम्भाला, फिर उनकी भी मृत्यु हो गयी। किंवदन्ती है कि बालक इवान ने कुछ कुलीन मन्त्रियों को उन्हें ज़हर देते देखा था। वह उसी वक्त उनसे घृणा करने लगे। यह घृणा अधिक बढ़ गयी, जब उन्हें बचपन में कई बार भोजन नहीं दिया जाता। छड़ी से पिटाई की जाती। वह ख़ून का घूँट पीकर अपने वयस्क होने और औपचारिक ताजपोशी का इन्तज़ार करने लगे। आख़िर 1547 में चर्च ने उन्हें ज़ार की पदवी दी।

असल खेल अब शुरू हुआ। बदला, कूटनीति, नरसंहार, और साम्राज्य विस्तार।

पहले तो उन्होंने अपनी सेना लेकर दक्षिण तक मंगोलों को हराते हुए रूस का विस्तार किया। वोल्गा नदी अब पूरी तरह रूस के कब्जे में थी। हालाँकि उन्होंने दक्षिण के मुसलमानों को उनके धर्म पालन के लिए स्वतन्त्र रखा, और उनको सेना में शामिल किया। मंगोल और तुर्क मूल के मुसलमानों के सेना में आने से रूस की ताक़त बढ़ती ही गयी। उस समय इंग्लैंड की महारानी एलिज़ाबेथ प्रथम ने जब इवान के चर्चे सुने तो उनसे व्यापार सम्बन्ध के लिए तोहफ़े भेजे।[2]

इवान ने उत्साहित होकर उन्हें सीधा लिख दिया, 'सुना है आप कुँवारी हैं? क्या महारानी मुझसे विवाह करेंगी?'

महारानी ने लिखा, 'ज़ार! मुझ पर तो राज–काज की ज़िम्मेदारी है, आप कहें तो आपके लिए एक शाही परिवार की अंग्रेज़ स्त्री से रिश्ता ढूँढ़ सकती हूँ'

बाद में इवान ने चिढ़ कर लिखा, 'न आप मेरी भाषा समझती हैं, न मैं आपकी'

इवान को अपने राज्य के अधिकांश कुलीनों से नफ़रत तो थी ही, वह सिर्फ़ अपने आध्यात्मिक धर्मगुरु सिलवेस्तर पर विश्वास करते। धर्मगुरुओं के शासन में हस्तक्षेप की यह शुरुआत थी। एक दिन अचानक इवान राज-पाट छोड़ कर अलेक्सांड्रोवो नामक स्थान पर एकांतवास में चले गये। वहाँ से जनता के नाम चिट्ठी लिखी,

'मुझे जनता पर पूरा भरोसा है, लेकिन इन कुलीनों पर रत्ती भर भरोसा नहीं। मैं अपना राज त्यागता हूँ। मुझे माफ़ करिये।'

जनता इस सन्देश से कुलीनों पर भड़क गयी। राजा को मनाने लोग कोप-भवन पहुँचे। राजा इवान ने वापस लौट कर देश के प्रशासन को दो भाग में बाँट दिया। मॉस्को और आस-पास का हिस्सा उन्होंने अपने पास रखा, जहाँ उनकी अपनी अलग सेना थी। शेष हिस्सा बोयर 'कुलीन वर्ग' के हाथ छोड़ दिया। उसके बाद राजा इवान ने एक-एक कुलीन को किसी न किसी अभियोग में फँसा कर मृत्यु-दण्ड देना शुरू किया। जब चर्च ने इसका विरोध किया, तो उनके मुख्य पादरी फ़िलिप को ही मरवा दिया गया। इस तरह सिर्फ एक वर्ष में कुलीन परिवारों के दो हज़ार लोगों को मौत के घाट उतारा गया। एक दिन तो गुस्से में अपने पुत्र और उत्तराधिकारी राजकुमार को ही मार दिया।

राजा इवान को इन हत्याओं का ग्लानि-बोध होने लगा। उन्होंने उन लोगों की एक लम्बी सूची बनायी, जिनकी उन्होंने हत्या करवायी। अपने प्रायश्चित के लिए उन्होंने उनके नाम पर ईसाई मठों में धन दान किया। 1584 ई. में एक दिन क्रेमलिन में बैठ कर राजा इवान अपना प्रिय खेल 'शतरंज' खेल रहे थे, और वहीं हाथ में एक मोहरा लिए वह बिसात पर गिर गये। राजा इवान मर चुके थे। उसके साथ ही रूसी राजवंश के बाकी मोहरे भी एक-एक कर गिरने लगे।

ज़ारशाही इतिहास का पहला अस्थिर समय शुरू हुआ, जो तीस वर्षों तक चला। इवान 'द टेरिबल' के बाद का समय कहलाया– 'टाइम ऑफ़ ट्रबल्स' (विपत्ति-काल)!

सामन्त और उनके दास। जैसे कोल्हू के बैल। पूँजीपति और उसके नौकर। यह कहना कठिन है कि दुनिया की संरचना कितनी बदली है। अगर एक मनुष्य दूसरे मनुष्य से मनुष्य की तरह व्यवहार करे, तब तक शायद मालिक-नौकर

चित्र 2 : क्रोध में अपने पुत्र को मारने के बाद पश्चाताप करते ज़ार इवान भयंकर (चित्रकार– रेपिन, साभार : क्रीएटिव कॉमन लाइसेन्स के अन्तर्गत)

व्यवस्था में भी दुनिया ख़ुशी–ख़ुशी चलती रहेगी। भले यह मानवीय तौर पर अनुचित दिखे, लेकिन निकट भविष्य में कोई क्रान्तिकारी बदलाव नहीं नज़र आता।

राजा इवान 'द टेरिबल' ने सामन्तों को मरवाया, मगर वह अपने देश के आम नागरिकों से प्रेम करते थे। जहाँ सामन्त उन्हें 'टेरिबल' कहते रहे, स्टालिन के रूस में उन्हें एक राष्ट्रवादी 'कल्ट फिगर' की तरह देखा गया। वे उन्हें एक ऐसा राजा मानते थे, जिसने रूस का विस्तार किया और बुर्जुआ को सजा दी। उनके बाद क्या हुआ?

अपने मुख्य उत्तराधिकारी पुत्र को तो राजा इवान स्वयं मार चुके थे। दूसरे पुत्र योदोर एक कमज़ोर शासक थे। योदोर के साले बोरिस (शासनकाल 1585–1605), जो एक सामन्त थे, उन्होंने प्रशासन सम्भाल लिया।[3] उन्होंने तीन कार्य किये। पहला कि मॉस्को गिरजाघर की ताक़त में इज़ाफ़ा किया, ताकि देश पर धर्म का राज 'डण्डा' चल सके। दूसरा कि अपने रास्ते के काँटे साफ़ किये। योदोर के छोटे भाई युवराज दिमित्री को मरवा दिया,

और अपने प्रमुख सामन्त प्रतिद्वन्द्वी रोमानोव को ईसाई महन्त बना कर राजनीति से दूर कर दिया। तीसरी चीज़ सबसे अधिक निन्दनीय थी।

उन्होंने रूस में एक मध्ययुगीन व्यवस्था वापस लायी– Serfdom यानी कृषक दास प्रथा 'बन्धुआ मज़दूरी'। सामन्तों के पास लाखों किसान गिरवी हो गये। वे उनकी सम्पत्ति थे, और उनसे सामन्त मनमर्ज़ी काम करा सकते थे। किसान ही नहीं, उनका पूरा वंश दास बन गया। यह अमेरिका के अफ़्रीकी गुलामों से भिन्न इस मायने में था कि ये सभी दास तो रूसी ही थे, कहीं से खरीद कर या उठवा कर लाये नहीं गये थे।[4]

1598 में राजा योदोर की मृत्यु के साथ ही सदियों से चल रहा रुरिक राजवंश ख़त्म हो गया। एक भी उत्तराधिकारी नहीं बचा। बोरिस ने स्वयं को ज़ार घोषित कर दिया। घोषित तो कर दिया, मगर उनमें ज़ार का खून नहीं था। किसान पहले ही उन पर ज़्यादती से भड़के हुए थे। तभी एक अजीबोग़रीब घटना और हुई। एक व्यक्ति ने घोषणा कर दी कि वह ज़ार युवराज दिमित्री है, जो असल में मरा ही नहीं था। यह नकली दिमित्री बोरिस की मृत्यु के बाद ज़ार बन बैठा!

जनता इस पूरे घटनाक्रम से उबल पड़ी कि कोई भी ऐरा-गैरा नत्थू-खैरा आकर ज़ार बन गया। उन्होंने क्रेमलिन पर हमला कर दिया और नकली दिमित्री को तोप में बाँध कर उड़ा दिया। यह रुस के इतिहास की पहली जन-क्रान्ति थी, जो 1606 ई. में हुई।

अब रूस पूरी तरह अनियन्त्रित भीड़ में तब्दील हो रहा था, जिसका कोई माई-बाप नहीं था। अगले दशक में कुछ सामन्तों ने क्रेमलिन पर कब्जे के प्रयास किये, मगर ख़ास सफलता नहीं मिली। पड़ोसी पोलैण्ड और स्वीडन रूस पर गिद्ध-दृष्टि डालने लगे, पोलैण्ड की सेना तो एक बार क्रेमलिन तक पहुँच गयी। आखिर सभी कुलीन वर्ग के लोग जमा हुए, और सर्वसम्मति से एक नया ज़ार चुनने का निर्णय लिया, लेकिन जब बड़े-बड़े नाकाम रहे, तो आखिर ऐसा कुशल व्यक्ति होगा कौन? कोई धर्मगुरु? कोई अनुभवी सामन्त? या फिर कोई ऐसा व्यक्ति जिसमें ऐसी कोई क़ाबिलियत न हो? जिसे 'ईश्वर' ने चुना हो?

'टाइम ऑफ़ ट्रबल्स' से रूस को निकालने के लिए जिस व्यक्ति को चुना गया, वह एक सोलह वर्ष का किशोर था। उसके महन्त पिता पोलैण्ड की क़ैद में थे। उसे स्वयं राज-पाट में कोई रुचि नहीं थी। 1613 में रूस को यह नया ज़ार मिला, जिसका नाम था– मिखाइल रोमानोव!

रोमानोव ज़ारशाही अगले तीन सदियों तक कायम रही। तब तक, जब तक उन्हें धक्के मार कर निकाल नहीं फेंका गया।

टिप्पणी

1. बाद में डच ईस्ट इंडिया कम्पनी के निर्माण में रूस से व्यापार का बड़ा योगदान है।
2. बेरतोलेट ए आर, द ज़ार एंड द क्वीन: ''यू स्पीक आ लैंग्विज दैट आई अंडरस्टैंड नोटी'', ''द फ़ॉरेन रेलेशंज़ ऑफ़ एलिज़ाबेथ 1: कुइनशिप एंड पावर'', पलगरवे मक्मिलन, न्यूयॉर्क, 2011
3. फ़्योडोर के समय 1585 से 1598 तक वह रीजेंट पद पर थे, उसके बाद वह ज़ार बने।
4. 1497 में किसानों को एक ज़मींदार से दूसरे ज़मींदार के अन्तर्गत कार्य करने का ठेका साल भर के लिए था, और सेंट जॉर्ज दिवस के दिन वह ज़मींदार बदल सकते थे। 1581 में यह प्रथा बन्द हो गयी। 1597 से ज़मींदारों को यह अधिकार मिला कि वह अपने खेतों से भागे हुए किसानों को पाँच साल तक ढूँढ़ सकते थे। देखें– गोर्शकोव, बोरिस, पेज़ंट्स इन रशिया "फ़्रोम सफ़र्डम टू स्टालिन'', ब्लूमसबरी, 2018, पृ. 20

रोमानोव

रूस ब्रिटेन से दस गुणा बड़ा था, मगर जनसंख्या आधी थी। इस कारण ऐसे तर्क मिलते हैं कि किसानों को खेतों में घण्टों काम कराना देश की अर्थव्यवस्था के लिए ज़रूरी था। किसान गाँवों में रहते, जिसे 'मीर' कहा जाता। सामन्त शहरों में रहते थे और फ़सल की कटाई के बाद कर वसूलने या उसकी बिक्री आदि का जिम्मा लेते थे। गाँव की पंचायत में उनका हस्तक्षेप कम था। नब्बे प्रतिशत से अधिक जनसंख्या वाले सर्वहारा वर्ग के लिए राजा चाहे कोई भी हो, जीवन एक जैसा ही था। खेती करते, गीत गाते, मदिरा पीते, पारम्परिक 'सराफैन' परिधान पहनते, गिरजाघर जाते।

इतने विशाल देश की ज़िम्मेदारी जब सोलह वर्ष के मिखाइल रोमानोव पर आयी, तो उनसे रूस को बड़ी उम्मीदें थी। वह उन उम्मीदों पर खरे भी उतरे। दशकों की अव्यवस्था ख़त्म होने लगी। उनकी सफलता की एक और वजह थी। उनके पिता जब पोलैण्ड की क़ैद से लौटे तो रूस के मुख्य पादरी 'मित्रेपोलित' नियुक्त हुए। ऐसा पहली बार हुआ था कि राजा और धर्मगुरु एक ही परिवार से हों। पिता-पुत्र ने मिल कर रूस की जनता को यह विश्वास दिलाया कि अब आगे सब ठीक होगा।

यहाँ भारतीय पाठकों को यह भी मन में रखना चाहिए कि यह सत्रहवीं सदी थी। मुगल शासक शाहजहाँ और औरंगज़ेब के समय भारत की अर्थव्यवस्था दुनिया में महत्त्वपूर्ण स्थान रखती थी। यूरोप की सम्पत्ति एशिया की अपेक्षा कम थी और अमरीका तो अपने शैशव काल में था, लेकिन, इस सदी के बाद पासा पलटना शुरू गया। डच का स्वर्ण-युग शुरू हो रहा था। 1602 में उन्होंने मुगलों से व्यापार के लिए दुनिया की पहली बड़ी पब्लिक कम्पनी बनायी– 'डच ईस्ट इंडिया कम्पनी'। इंग्लैंड और स्पेन अपना विस्तार अलग तरीके से कर रहे थे। वे अमेरिका और अन्य स्थानों पर समुद्री रास्ते से पहुँच कर उपनिवेश बना रहे थे।

वहीं, फ्रांस के लुई चौदह विश्व इतिहास में सबसे लम्बे शासन '72 वर्ष' का रिकॉर्ड बना रहे थे।

रूस सबसे बड़ा देश होने के बावजूद इन सभी देशों से बहुत पीछे चल रहा था। इसकी एक तार्किक वजह थी। रूस के पास समुद्र नहीं था। उत्तर में जो इकलौता पोत था, वहाँ आधे वर्ष बर्फ़ ही जमा रहती। जब वास्को द गामा और कोलम्बस दुनिया घूम रहे थे, रूस को तो जहाज़ बनाना भी नहीं आता था। ये कभी वाइकिंग वंशज रहे ज़रूर थे, मगर अब सब कुछ भूल चुके थे। अगर रूस को यूरोप से कदम-ताल मिलानी थी, तो जहाज़ बनाना और चलाना सीखना ही था। उनके पास दो रास्ते थे। पहला रास्ता बहुत पास था, पश्चिम के बाल्टिक सागर में। दूसरा रास्ता लम्बा और दूहर था, पूरा साइबेरिया पार कर पूर्व में। रूस को अब एक वैज्ञानिक सोच के राजा, अपनी पहली नौसेना और नये पोत की ज़रूरत थी।

ज़ार मिखाइल रोमानोव (शासनकाल 1613-1645) के पोते पीटर ने छुटपन में एक नाव बनायी।

वह उस नाव को दिखा कर कहते, 'मैं इस नाव से दुनिया पर फ़तह करुँगा'

उन्हें समझाया जाता, 'युवराज! आप जब ज़ार बनेंगे तो ज़रूर करेंगे, मगर मॉस्को में समन्दर है कहाँ?'

'मैं राजधानी को उठा कर बाल्टिक सागर किनारे ले जाऊँगा'

'लेकिन, युवराज! वहाँ तो अभी स्वीडन का कब्ज़ा है'

'जब मैं ज़ार बनूँगा तो वह रूस का होगा'

'अच्छा? और नाम क्या रखेंगे अपनी राजधानी का?'

'ज़ार पीटर की राजधानी होगी- पीटर्सबर्ग!'

दुनिया की हर राजशाही षड्यन्त्रों, हत्याओं और ज़्यादतियों से भरी पड़ी है। रोमानोव वंश अभी मुश्किल से साठ वर्ष चला था, और समस्यायें शुरू हो गयीं। 1682 में जब ज़ार योदोर तृतीय की मृत्यु हुई, उनके कोई संतान नहीं थी। उनके भाई इवान को राजा बनने की इच्छा नहीं थी। छोटे राजकुमार पीटर की उम्र सिर्फ़ नौ वर्ष थी। ऐसे अनिश्चित माहौल में क्रेमलिन के सिपाहियों ने विद्रोह कर दिया।

वहाँ के बन्दूकधारियों का वेतन बहुत कम था, और परिश्रम बहुत अधिक। वे इसके लिए कुछ ख़ास कुलीन परिवारों को ज़िम्मेदार ठहराने लगे,

जो उनके वेतन तय करते थे। इनमें एक राजकुमार पीटर की माँ भी थी। इस बीच शहर में अफ़वाह फैल गयी कि एक साज़िश के तहत राजकुमार इवान की हत्या कर दी गयी। इसने चिंगारी का काम किया। बन्दूकधारियों का जत्था क्रेमलिन की सीढ़ियों से चढ़ता अन्दर घुस आया। आख़िर जब उन्हें दिखाया गया कि राजकुमार इवान जिन्दा हैं, तो वे कुछ शान्त हुए, लेकिन जब आ ही गये थे, तो कुछ कुलीनों को क्रेमलिन की मुण्डेर से नीचे फेंक दिया। वे नीचे खड़े बन्दूकधारियों की संगीन (bayonet) पर गिरे। इन कुलीनों की लाश को बन्दूक में फँसा कर विद्रोही शहर में विजय-घोष करने लगे।

अब एक ज़ार चुनना बहुत ज़रूरी हो गया था। रूस में एक और अप्रत्याशित घटना हुई। राजा नहीं चुना गया, रानी चुनी गयी। पीटर की सौतेली बहन सोफ़िया रीजेंट (शासनकाल 1682–89) बनी। उन्होंने बहुत चालाकी से अपने शत्रुओं को निपटाना शुरू किया। पड़ोसी राज्यों पर हमले किए, हालाँकि मंगोल कबीलों से उन्हें हार का सामना करना पड़ा।

उन दिनों राजकुमार पीटर मॉस्को छोड़ कर एक सुदूर गाँव में रहने लगे थे। वे वहाँ सैन्य अभ्यास करते, गणित पढ़ते और सबसे अधिक रुचि उन्हें नाव बनाने में थी। उनके एक डच शिक्षक जहाज़ चलाने की विद्या सिखा रहे थे।

उनके पास सन्देश आया, 'एक शाही जत्था पेरिस जा रहा है, राजकुमार को किसी ख़ास तोहफ़े की ज़रूरत है?'

पीटर ने कहा, 'मुझे जहाज़ के नैविगेशन पर जितनी भी किताबें मिलें, लाकर दें।'

इस तरह का वैज्ञानिक शोधी राजकुमार रूस के लिए अजूबा था। जैसे-जैसे उनकी उम्र बढ़ रही थी, वह महारानी सोफ़िया के लिए ख़तरा बन रहे थे। पीटर को एक गुप्तचर ने ख़बर दी कि महारानी सोफ़िया उनकी हत्या के लिए घुड़सवार भेज रही हैं। सत्रह वर्ष के पीटर यह सुनते ही स्वयं घोड़े पर सवार हुए, और क्रेमलिन की ओर निकल पड़े।

उनका घोड़ा जैसे-जैसे मॉस्को की ओर बढ़ रहा था, उनके साथ अन्य सामन्त भी आते जा रहे थे। वह फ़िल्मी स्टाइल में क्रेमलिन पहुँचे और गद्दी पर क़ब्ज़ा कर लिया। अपनी बहन महारानी सोफ़िया को उन्होंने न मारा, न क़ैद किया। बल्कि इससे भी विचित्र सजा दी।

उन्होंने महारानी सोफ़िया को सदा के लिए एक नन बना दिया।

ज़ार पीटर प्रथम (शासनकाल 1682-1725) जैसे ही गद्दी पर बैठे, उन्होंने मन में दो निर्णय लिए।[1] दोनों ही परम्परा के विपरीत थे। पहला यह कि उन्होंने राज-दरबार की बैठक बन्द कर दी। दूसरा कि उन्होंने धर्म का प्रशासन में हस्तक्षेप बन्द कर दिया।

वह महल में रहना पसन्द नहीं करते थे। उनको गाँव-देहात में बैठ कर अपने सैनिकों के साथ शराब पीने में आनन्द आता था। रूस में सैनिक अक्सर खेतिहर ही होते थे, जो सर्वहारा वर्ग से थे। ऐसा आज तक किसी राजा ने नहीं किया था कि उनके साथ घण्टो बैठ शराब पीते हुए ठहाके लगाये हों। उनकी शराब पीने की क्षमता बहुत थी। वह ब्रान्डी में काली मिर्च डाल कर पीने के शौकीन थे, जो बाद में संस्कृति का हिस्सा बनी।

वह अपने कुछ चेलों के साथ जहाज़ लेकर अकेले समन्दर में निकल जाते और महीनों तक गायब रहते। इस मध्य उन्हें कुछ आइडिया आता, वह जहाज़ को बेहतर बनाने लगते। उन्होंने राज-पाट से छुट्टी लेकर नीदरलैण्ड में जहाज़ के विज्ञान का कोर्स किया। वहाँ किसी को बताया ही नहीं कि वह रूस के राजा हैं। वह एक आम विद्यार्थी की तरह बढ़ईगिरी करते हुए जहाज़ बनाना सीख रहे थे। उन्हें जब मालूम पड़ा कि इंग्लैण्ड में बेहतर शिक्षा होती है, तो वहाँ जाकर भी कोर्स कर आये।

उनके कुलीन मन्त्री उनकी इन हरक़तों से शंकित थे, लेकिन, पीटर की योजना अभूतपूर्व थी। उन्होंने लौट कर एक नौसेना बनायी, जिसके कप्तान वह स्वयं बन गये। वाइकिंग युग के बाद पहली बार रूस की जहाज़ी सेना ने डॉन नदी के रास्ते तुर्की को शिकस्त दी। ज़ार पीटर विजय-पताका लहराते हुए मॉस्को लौटे। उनके झण्डे पर जूलियस सीज़र का मशहूर कथन लिखा था– 'हम आये, हमने देखा, हमने जीता!'

मॉस्को से दूर रहने के कारण उनके ख़िलाफ़ षड्यन्त्र भी हो रहे थे। उन्हें मालूम पड़ा कि उनकी बहन और पूर्व महारानी सोफ़िया एक नन बनने के बाद भी कुछ विद्रोहियों का साथ दे रहीं हैं। उन्होंने न सिर्फ विद्रोहियों को मरवाया बल्कि सोफ़िया की खिड़कियों पर उनकी लाशें टाँग आये! पीटर अब रूस को बाकी यूरोप की तरह बनाना चाहते थे। उन्होंने सबसे पहले रूसी कैलेंडर बदल कर अंग्रेज़ी कैलेंडर अपनाया। शाही परिधान बदलवा दिये। अगले आदेश और भी अजीब थे।

रूसियों को अपनी दाढ़ी से बहुत प्यार था। उनका मानना था कि दाढ़ी के बिना पुरुष नंगा है। पीटर ने अपनी दाढ़ी तो पहले ही साफ कर ली थी,

बाक़ी कुलीनों की दाढ़ी भी साफ करवा दी। वे अब सिर्फ़ मूँछ रख सकते थे। सर्वहारा वर्ग के लिए दाढ़ी की इजाज़त थी, लेकिन उन्हें इसका 'दाढ़ी टैक्स' भरना पड़ता और गले में एक सिक्का पहनना होता जिस पर यह अंकित होता कि टैक्स भरा गया है।

अब उनके बचपन के स्वप्न को पूरा करना था। समुद्र किनारे अपनी राजधानी बनाने का। इसके लिए उन्हें स्वीडन से लड़ना था, जो उनके लिए ऐसी लड़ाई बनी जिसे लड़ते-लड़ते उनका जीवन निकल गया। यह टक्कर एक ऐसे राजा से थी, जो युद्ध के कमान्डर रहे थे और स्वयं डेनमार्क को धूल चटाई थी। अगर पीटर रूसी नौसेना की कमान सम्भालते थे, तो स्वीडन के राजा चार्ल्ज़ भी स्वयं सेनापति थे। यूरोप में ऐसी लड़ाई लम्बे समय से नहीं हुई थी, जब एक राजा दूसरे राजा के यूँ आमने-सामने हो।

हर संस्कृति में युद्ध की भिन्न रणनीतियाँ रही। कोई सामने से हमला करता है, कोई छुप कर गुरिल्ला युद्ध। कोई आखिरी दम तक लड़ना चाहता है तो कोई हार मान कर सन्धि कर लेता है। कोई लड़ने की प्रवृत्ति रखता है, कोई ज़बरदस्ती लड़ रहा होता है। रूस की एक ख़ास प्रवृत्ति कई युद्धों में दिखी। रुस अपने विस्तार और अपने कठिन मौसम से शत्रुओं को मात करता आया है।

रूसी शत्रु सेना को सीमा पर नहीं रोकते, उन्हें अन्दर आने देते। जब वे केन्द्र में पहुँच जाते, तो उन्हें घेर लेते। अथवा जब शत्रु की सेना आधी जीत हासिल कर थकी-हारी लौट रही होती, उस समय वह उनके देश पर हमला कर देते। राजा चार्ल्ज़ से लेकर नेपोलियन और हिटलर तक रूस ने एक जैसी रणनीति अपनायी।

1706 में स्वीडन के राजा चार्ल्ज़ पोलैण्ड को हराते हुए रूस की ओर बढ़ रहे थे। उनकी योजना थी कि मॉस्को पर विजय पाकर वहाँ एक कठपुतली सरकार बना देंगे। उस समय पूरे यूरोप में वह सर्वश्रेष्ठ सेनापति माने जाते थे, तो यह बात मुमकिन लग रही थी। ज़ार पीटर ने उन्हें नहीं रोका। उन्हें अन्दर आने दिया।

वे सिर्फ़ एक काम करते रहे कि उनकी आपूर्ति शृंखला 'सप्लाइ-चेन' काटते रहे। जब स्वीडिश सेना मॉस्को तक पहुँच गयी तो पीटर की सेना ने मॉस्को के बाहर से घेर लिया। अब स्वीडिश एक चक्रव्यूह में फँस चुके थे। उनकी आपूर्ति जो लटविया के रास्ते आ रही थी, वह मॉस्को नहीं पहुँच सकी।

स्वीडिश सेना अपनी गति खो बैठी, और उन को हार मिली। उन्हें मॉस्को छोड़ कर लौटना पड़ा। ज़ार पीटर की सेना उस थकी-हारी सेना को द्नाइपर नदी के किनारे दौड़ा कर मारने लगी।

रूस ने बाल्टिक सागर और फिनलैण्ड पर कब्जा किया। पीटर ने समुद्र तट पर नया शहर बसाया-पीटर्सबर्ग। उन्होंने वहाँ कोई विशाल महल नहीं खड़ा किया। वह और उनके अन्य सहयोगी छह कमरे के घर में रहते थे। वह अब उस पोत से नौसेना विकसित करना चाहते थे। उन्होंने वहीं पीटर्सबर्ग में राजधानी बना कर दरबार बिठाना शुरू किया। मॉस्को के कुलीनों को वहाँ के शाही महलों को छोड़ कर इस दलदली शहर पीटर्सबर्ग आने में कोई रुचि नहीं थी। मगर राजा का हुक्म था तो आना पड़ा।

खैर! उन कुलीनों ने भी अपनी योजना बना ली। नया शहर बसना था, तो इसका अर्थ था कि नयी इमारतें बनेंगी, सड़कें बनेंगी। इसमें भ्रष्टाचार की अच्छी-ख़ासी गुन्जाइश थी! वे इनका ठेका लेकर मज़दूरों का शोषण करने लगे, और सारी कमाई अपनी जेब में डालने लगे। जब ज़ार पीटर के पास यह शिकायत पहुँची, उन्होंने सभी भ्रष्टाचारी मन्त्रियों को पकड़ कर उन्हें कोड़े लगवाये और क़ैद में डाल दिया। पीटर को अब चिन्ता हो रही थी कि उनके बाद क्या होगा?

उनकी कई पत्नियाँ और कई सन्तान थे, लेकिन सिर्फ़ बेटियाँ। एक बेटे अलैक्सी थे, जिनकी राज-काज में कोई रुचि नहीं थी। वह अपना समय नौकरों के साथ शराब पीने में व्यतीत करते। जब पीटर ने उन्हें डाँट लगायी, वह शहर छोड़ कर वियना भाग गये। ऑस्ट्रिया के राजा कार्ल उनके साले थे, जो उन्हें उनके पिता के ख़िलाफ़ भड़काने लगे। उस समय ज़ार पीटर ने अपने एक ख़ास दूत पियोत्र टॉलस्टॉय (लियो टॉलस्टॉय के पूर्वज) को ऑस्ट्रिया भेजा। वह युवराज को मना कर ले आये। युवराज का साथ अब कई रूसी सामन्त भी दे रहे थे। वे उन्हें गद्दी पर बिठाना चाह रहे थे। ज़ार पीटर को अपने पुत्र को क़ैद करना पड़ा। उन्हें यातनाएँ दी गयीं, जिनसे युवराज की मृत्यु हो गयी।

इस तरह इवान 'द टेरिबल' के बाद पीटर 'द ग्रेट' दूसरे महान राजा हुए, जिन्होंने अपने पुत्र युवराज को ही मार डाला। पीटर के बाद रूस में नया युग शुरू हुआ– महारानियों का युग!

चित्र 3 : पीटर महान, चित्रकार-जीन मार्क नाटियर, पब्लिक डोमेन

टिप्पणी

1. 1682 से 1689 के मध्य सोफ़िया उनकी रीजेंट थी। 1696 तक वह अपने भई इवान पंचम के साथ संयुक्त शासन कर रहे थे।

ज़ारीना

जब ज़ार महारानियों का राज आया, एक के बाद एक महारानी आती गयी। एक पूरी सदी तक उनका वर्चस्व रहा और दुनिया की सबसे ताक़तवर महिला के मुकाम तक पहुँची। पीटर द ग्रेट के बाद उनकी पत्नी कैथरीन प्रथम (शासनकाल 1725-27), भतीजी ऐना (शासनकाल 1730-40), और बेटी एलिज़ाबेथ (शासनकाल 1741-62) महारानियाँ बनीं। ध्यान रहे कि यह अठारहवीं सदी के रूस की बात है, जहाँ का समाज पुरुष-प्रधान था।

महारानियों का नज़रिया राजाओं से अलग था। वे रूस को सजाने-सँवारने लगीं। उन्होंने आलीशान विंटर पैलेस बनाया, जहाँ गुम्बजों पर स्वर्ण कलाकृतियाँ बनायी गयीं। पूरे पीटर्सबर्ग और मॉस्को की सूरत ही बदल गयी। हालाँकि ऐसा देश जिसकी बड़ी आबादी खेतों में काम कर रही हो, जिनके पास एक पक्का मकान न हो, वहाँ ऐसे शाही महल बनाना अश्लील कहा जा सकता है। लेकिन, उस कालखण्ड के दूसरे राजशाही से तुलना करें, तो यह सौन्दर्यीकरण उनके हिसाब से उचित था।

उन्होंने रूस में एक और नयी चीज़ लायी, जो रूस की पहचान बनी-ऑपेरा और थियेटर। इतने वर्षों से रूस सांस्कृतिक रूप से पीछे चल रहा था। वहाँ साहित्य, संगीत और कला का स्थान नगण्य था, जबकि बाकी यूरोप में एक से एक कलाकार थे। एशिया से तो खैर तुलना ही नहीं की जा सकती, जहाँ सदियों से समृद्ध संस्कृतियाँ थीं। अब रूस में संगीत और नृत्य के भव्य आयोजन होते। वहाँ अंग्रेज़ी और फ्रेंच नाटककारों के नाटक होने लगे।

सर्वहारा वर्ग भी कला और संगीत में भाग लेने लगा। खेतिहर परिवार की युवतियाँ बैले (ballet) नृत्य करने लगीं। भले उनका कार्य शाही परिवार का मनोरंजन करना था, लेकिन इससे उनकी अपनी पहचान बनने लगी। एक गायक, एक वादक, एक नर्तक या एक अभिनेता के रूप में। कोई पूछ सकता है कि इससे आखिर उनके जीवन में क्या बदलाव आया? रहे तो वे नौकर ही?

लेकिन, जब वह वोल्टायर के नाटकों में अभिनय करते, या उन्हें पढ़ते, तो उन्हें रूस के बाहर की दुनिया दिखायी देती। यह एक छोटी सी चिंगारी थी, जो आगे जाकर क्रान्ति की आग में तब्दील होने वाली थी।

सबसे बड़ा कदम जो इन महारानियों ने उठाया था, वह था रूस में विज्ञान अकादमी और मॉस्को विश्वविद्यालय स्थापित करना। इतने वर्षों में कितने राजा आये और गये, किसी के मन में यह ख़्याल नहीं आया कि यहाँ की जनता विज्ञान, गणित, इतिहास, चिकित्सा-शास्त्र, कानून या साहित्य पढ़ ले। यह सिर्फ़ शाही परिवारों तक सीमित था, जिनके निजी विदेशी शिक्षक होते थे। जब उच्च शिक्षा सम्पूर्ण रूस के लिए उपलब्ध हुई, उसके दूरगामी परिणाम हुए।

विज्ञान अकादमी के खुलते ही रूसियों की दबी हुई प्रतिभा बाहर आयी। किसान परिवार के मिखाइल लोमोनोसोव ने 1748 में एक प्रयोग करते हुए लिखा– 'द्रव्यमान (Mass) न कभी बढ़ता है, न घटता है, वह एक ही रहता है'। यह भौतिकी के एक मूलभूत सिद्धान्त की नींव बनी। रूसी गणित में निपुण होते गये, और अगली सदी तक यूरोप के वैज्ञानिक समुदाय में झण्डे गाड़ने लगे। इसी मध्य फिर से रूस में सत्ता की समस्या आ गयी।

एलिज़ाबेथ निःसन्तान थी। वह अपनी बहन के बेटे को लेकर आयी, और उनका नाम रखा– पीटर। इस उम्मीद पर कि वह भी 'ग्रेट' बनेगा। उनका विवाह उन्होंने एक जर्मन लड़की से कराया, जिनका नाम रखा- कैथरीन। यह रूस का एक खूबसूरत शाही युगल दिख रहा था, लेकिन, यह सम्बन्ध बेमेल था। कैथरीन जितनी ही परिपक्व थी, पीटर उतने ही बचकानी हरकतों वाले। कैथरीन को किताबों और राजनीति का शौक था, जबकि पीटर को यूँ ही तफ़री मारने का। दोनों के मध्य शारीरिक सम्बन्ध भी नहीं था, और दोनों ने खुल्लम-खुल्ला अपने अलग-अलग पार्टनर चुन लिए थे। कैथरीन के पुत्र पॉल ऐसे ही ग़ैर-वैवाहिक प्रेम-सम्बन्ध से हुए।

कैथरीन चाहे कितनी भी काबिल हो, यह तो तय था कि पीटर के होते हुए उनकी पत्नी रूस की गद्दी पर नहीं बैठ सकती थी। आखिर वह राजकुमार थे। जब तक कोई बड़ी ग़लती नहीं करते, भला उनका अधिकार क्यों छिनता?

उस समय (1756-1763) रूस और प्रशिया में युद्ध छिड़ा था, और राजकुमार पीटर की प्रशिया शाही परिवार से मित्रता थी। यह बात महारानी एलिज़ाबेथ को खल रही थी, मगर उनकी अचानक मृत्यु हो गयी। रूस की सेना लगभग प्रशिया को हरा चुकी थी, लेकिन पीटर तृतीय के राजा बनते

ही युद्ध रोक दिया गया।[1] इतना ही नहीं, पीटर ने रूस की सेना के यूनिफॉर्म बदल कर प्रशिया जैसे करने के आदेश दे दिये। सेना के कमान्डर आग-बबूला हो गये। भारतीय सेना को! अगर पाकिस्तान सेना की वर्दी पकड़ा दी जाये तो क्या होगा?

सेना का गुस्सा देख कर कैथरीन ने फैसला कर लिया कि वह अपने पति से गद्दी छीन लेगी। उनके एक प्रेमी उस समय सेना के गार्ड थे, तो यह काम मुश्किल नहीं था। वह सफ़ेद घोड़े पर सवार होकर सेंट पीटर्सबर्ग पहुँचीं, जहाँ सेना ने उनको महारानी स्वीकार लिया। उस समय राजा पीटर रूस के सुदूर इलाक़े में आराम फरमा रहे थे। कैथरीन अपने काफ़िले के साथ वहाँ पहुँची, और पीटर ने घबरा कर आत्म-समर्पण कर दिया। वहीं एक किले में उन्हें नज़रबन्द कर दिया गया, और कुछ दिनों बाद उनकी लाश वहाँ से बाहर आयी। इस तरह एक जर्मन स्त्री कैथरीन द्वितीय (शासनकाल 1762-96) ने साम-दाम-दण्ड-भेद से रूस की गद्दी पर क़ब्ज़ा किया।

उस समय यूरोप में कई हलचलें हो रही थी। पोलैण्ड के राजा के मरने के साथ ही वहाँ बन्दर-बाँट शुरू हो गया था। रूस ने कुछ हिस्से हड़प लिए। जब ऑटोमन तुर्क रूस से लड़ने आये तो उनके भी कुछ हिस्से रूस ने छीन लिए। रूस का विस्तार हुआ और कैथरीन महान यूरोप की सबसे शक्तिशाली महिला बन गयी। नये क्षेत्रों के साथ ही रूस में ईसाई और मुसलमानों के अलावा एक तीसरे धर्म का प्रवेश हुआ, जिनकी भविष्य के 'सोवियत' में बड़ी भूमिका थी। रूस में पहली बार यहूदी आये!

राजशाही की पहली शर्त यह थी कि राजा के पास सभी शक्तियाँ केन्द्रित हो। एक तानाशाह की तरह। उसके बिना राजा या रानी अपनी शक्ति खो देते। जब कैथरीन रूस की महारानी बनी, उसके एक दशक बाद फ्रांस में लुई सोलह राजा (शासनकाल 1774-92) बने। कैथरीन फ्रान्स में अपना आदर्श देखती थी। उनकी इच्छा थी कि पीटर्सबर्ग और मॉस्को में फ्रैंच शहरों का वैभव आये। फ्रैंच साहित्य, फ्रैंच कला, फ्रैंच संगीत की तरह रूस भी प्रगति-पथ पर जाये।

उस वक़्त तक रूस के कई किसान साइबेरिया जाने लगे थे, क्योंकि वहाँ बन्धुआ मज़दूरी नहीं थी। वहाँ वे मुक्त थे। उन शुरुआती किसानों में ही एक परिवार ने अपना नया नाम अपनाया– रासपूतिन। ऐसे परिवारों ने वहाँ गाँव बसाने शुरू किये। पलायन की एक और वजह थी। उस समय यूरोप में एक बीमारी पसर गयी थी– स्मॉल पॉक्स। फ्रांस के राजा लुई पन्द्रह की मृत्यु

भी इसी बीमारी से हुई थी। अठारहवीं सदी में प्रति वर्ष औसतन चार लाख लोग इस बीमारी से मर रहे थे। कैथरीन घबरा गयी कि यह बीमारी उनकी और राजकुमार पॉल की जान ले लेगी।

उन्हें ख़बर मिली कि ब्रिटेन के एक चिकित्सक थॉमस डिम्सडेल एक विचित्र प्रयोग कर रहे हैं। वह जान-बूझकर मरीजों की त्वचा में यह बीमारी डाल रहे थे, और उनका दावा था कि इससे उस मरीज को स्मॉल-पॉक्स दुबारा नहीं होगा। उनके इस प्रयोग पर किसी को भरोसा नहीं था, लेकिन कैथरीन ने एक बड़ा फैसला लिया। उन्होंने चुपके से उन्हें आमन्त्रित किया।

डिम्सडेल ने कहा, 'महारानी! यह एक प्रयोग है, जो असफल भी हो सकता है। अगर आपको कुछ हो गया, तो मुझे आपके लोग ज़िन्दा नहीं छोड़ेंगे।'

महारानी ने कहा, 'मैं आपके लिए घोड़ों की व्यवस्था रखूँगी। अगर आप देखें कि मेरी या मेरे पुत्र की स्थिति बिगड़ रही है, आप रूस छोड़ कर भाग जायें।'

इस तरह 1768 में रूस के एक बन्द कमरे में टीकाकरण की नींव पड़ रही थी। डिम्सडेल का प्रयोग सफल हुआ। महारानी और उनके पुत्र में स्मॉल-पॉक्स डाला गया, और वह मामूली बीमारी के बाद स्वस्थ हो गये। तीन दशकों बाद 1798 में एडवर्ड जेनर ने इस मॉडल को विकसित कर दुनिया का पहला टीका बनाया। इस वैज्ञानिक सोच के साथ ही कैथरीन रूस को आगे ले जा रही थी।

लुई सोलह और कैथरीन ने अपने-अपने देशों में कृषि-दासता (serfdom) ख़त्म करने की तरफ कदम बढ़ाया। किसान अब मुक्त होकर शहरों की तरफ आ रहे थे। एक बुद्धिजीवी वर्ग तैयार हो रहा था, जो पत्रिकायें निकाल रहा था। स्वयं महारानी कैथरीन एक पत्रिका की सम्पादक थीं। वहीं, फ्रांस में एक 'कॉफी हाउस' संस्कृति आ रही थी, जहाँ बुद्धिजीवी बैठ कर देश की समस्याओं पर बतियाते।

लेकिन, अगर किसान मुक्त हो गये, तो खेती कौन करता? सामन्त किसके भरोसे रहते? सबसे बड़ी बात कि राजा-रानी की आखिर कौन सुनता? सदियों से चल रही है यह शक्ति-संरचना बिखरने लगी।

कैथरीन के शासनकाल में ही 1774 में अमेरिका में क्रान्ति हो गयी, और वे ब्रिटेन से स्वतन्त्र राज्य स्थापित कर रहे थे। उन्हें सबसे बड़ा झटका तब लगा जब उनके आदर्श देश फ्रांस में क्रान्ति हो गयी, शाही क़ैदखाना बैस्टील तोड़ दिया गया। यूरोप का एक शक्तिशाली राजतन्त्र ध्वस्त हो चुका था,

और आधुनिक गणतन्त्र का उदय हो रहा था। वहाँ अब संविधान का निर्माण हो रहा था, और राजा लुई सोलह का गला काट कर मृत्युदण्ड दिया जा रहा था।

कैथरीन सिहर उठी। वह उस वक्त एक किताब पढ़ रहीं थीं, जिसका नाम था– 'अ जर्नी फ्रॉम सेंट पीटर्सबर्ग टू मॉस्को'।[2] उसमें लेखक ने रूस की यात्रा करते हुए वहाँ के किसानों की दुर्दशा लिखी थी। वह किताब के पन्नों पर ही कुछ नोट्स लिखने लगीं। उन्होंने लेखक को गिरफ़्तार कर सुदूर साइबेरिया के एक किले में क़ैद कर दिया। उनके हिसाब से उन्होंने क्रान्ति की एक चिंगारी को दबा दिया।

लेकिन, ऐसी कई चिंगारियाँ रूस में उभर रहीं थीं। एक लम्बे शासन के बाद 1796 में जब महारानी कैथरीन की मृत्यु हुई, रूस में क्रान्तियों का नया युग शुरू हो रहा था। वहीं, फ्रांस में एक नये नायक का उदय हो रहा था जिनकी नज़रें दुनिया के सबसे बड़े देश रूस पर थी। नाम था– नेपोलियन!

टिप्पणी

1. पीटर तृतीय 1762 में छह महीने ही ज़ार रहे।
2. अलेक्सांद्र रैडिशेव ने यह पुस्तक 1790 में लिखी।

नेपोलियन

प्रजा अब शक्तिशाली हो रही थी, राजाओं की उल्टी गिनती शुरू हो गयी थी।

सत्रहवीं सदी में ही इंग्लैण्ड में रक्तहीन गौरवशाली क्रान्ति हुई, राजा जेम्स द्वितीय को गद्दी छोड़नी पड़ी। स्टुअर्ट वंश का अन्त हुआ।[1] उसके बाद अमरीका में हुए स्वतन्त्रता संग्राम ने ब्रिटेन और फ्रांस के राजाओं का कद घट दिया। फ्रांस में तो प्रजा ने राजा का गला ही काट दिया। कुछ खेमे थे जो राजा को अब भी ईश्वर का दूत मानते थे। वे इंग्लैण्ड में जैकबाइट कहलाते थे। उन्हें सतह पर इतना ज़रूर हासिल हुआ कि राजा को एक पुराने जमाने की निशानी की तरह सजा कर रख दिया गया। निरंकुश राजतन्त्र के स्थान पर संवैधानिक और बाद में लोकतान्त्रिक राजतन्त्र स्थापित होने लगे। राजा सिर्फ़ साल में एक-दो बार अपने महल की मुँडेर से हाथ हिलाने लगे, उनका राज-काज में हस्तक्षेप घटता गया।

रूस की महारानी कैथरीन की मृत्यु के बाद उनके पुत्र पॉल (शासनकाल 1796-1801) गद्दी पर आये। वह अपनी माँ से नफ़रत करने लगे थे, जिसकी कई वजहें थीं। वह उन्हें अपने पिता पीटर का हत्यारा मानते थे। बचपन में जबरदस्ती स्मॉल-पॉक्स की बीमारी कराना भी उन्हें चुभा था। सबसे ज़िल्लत की बात तो यह थी कि उन्हें यह पता लग गया था कि वह अपने पिता पीटर की सन्तान ही नहीं, अपनी माँ के किसी प्रेमी की पैदाइश हैं। यह बात वह खुल कर नहीं कह सकते थे, क्योंकि उनकी गद्दी छिन जाती। पॉल ने गद्दी सम्भालते ही ऐसे अध्यादेश बनाये कि भविष्य में कोई कैथरीन रूस की गद्दी पर न बैठ सके। उन्होंने यह कानून बना दिया कि रूस की गद्दी पर सिर्फ़ पुरुष ही बैठेगा।

उन्हें मालूम था कि उनकी माँ के पुराने सिपहसलार उनके रास्ते का काँटा बनेंगे। उन्होंने पहले तो अपनी सेना को नेपोलियन से युद्ध करने भेजा। उस समय नेपोलियन इटली में विजय हासिल करने के बाद मिस्र की तरफ़ बढ़ रहे थे।

उन्होंने क्रान्ति के बाद बिखरते फ्रांस में नयी ऊर्जा डाल दी थी। रूस और इंग्लैण्ड की सेना साथ लड़ रही थी, लेकिन शुरुआती सफलताओं के बाद उन्हें भागना पड़ा। नेपोलियन एक अजेय योद्धा की तरह विजय दर्ज करते जा रहे थे।

इस युद्ध के बाद ज़ार पॉल को यह लगने लगा कि उनके ख़िलाफ़ कुछ षड्यन्त्र चल रहा है। कुलीन वर्ग और फौजियों में उनके प्रति रोष है। पॉल ने इसके लिए बातचीत के बजाय अपने आस-पास दीवारें खड़ी करनी शुरू कर दीं। उन्होंने एक अभेद्य किला तैयार किया, जो एक नहर से घिरी थी। उन्हें लगता था कि वहाँ वह सुरक्षित रहेंगे।

11 मार्च, 1801 की रात को कुछ कुलीन वर्ग के लोग बैठ शराब पी रहे थे। जब शराब का नशा चढ़ा तो उन्होंने निर्णय लिया कि अब इन ज़ार पॉल की छुट्टी की जाये। वे उसी वक्त राजा के अभेद्य महल को भेदने चल दिये, और बड़ी बेतकल्लुफ़ी से महल में घुस गये। उनको यूँ आधी रात अपने सामने देख कर पॉल डर गये, और किसी बिस्तर के नीचे जाकर छुप गये। उनके पुत्र अलेक्सांद्र (अलेक्ज़ेंडर) कोने में खड़े किसी अनहोनी का इन्तज़ार कर रहे थे। उन्हें इस षड्यन्त्र का पता था, मगर यूँ हालात होंगे यह नहीं सोचा था। रूस के राजा को बिस्तर के नीचे से घसीट कर निकाला गया, और राजकुमार के सामने उनका गला घोंट दिया गया। अगली सुबह जनता को बताया गया कि ज़ार पॉल चल बसे, अब अलेक्सांद्र नये ज़ार हैं।

राजाओं का अब यही भविष्य था, वे अब चुने हुए लोगों की कठपुतली बन कर रहने वाले थे। जब चाहा, जिसे चाहा, हटा दिया। जिसे चाहा, गद्दी पर बिठा दिया।

नेपोलियन का अन्त वाटरलू कहा जाता है, लेकिन नेपोलियन की उल्टी गिनती तो रूस से ही शुरू हो गयी थी। हालाँकि स्कूलों में पढ़ाया जाने वाला इतिहास अक्सर ब्रिटेन को ही विजेता सिद्ध करता है, रूस को उतनी तवज्जो नहीं मिलती।

ज़ार अलेक्सांद्र (शासनकाल 1801-1825) रूस के आखिरी शक्तिशाली ज़ार कहे जा सकते हैं। उनके पास विकल्प भी कम थे। नेपोलियन यूरोप में जीत पर जीत दर्ज़ किये जा रहे थे। नीदरलैण्ड, ऑस्ट्रिया और प्रशिया की सेनाओं ने घुटने टेक दिये थे। अब रूस पर ही इस विजय-रथ को रोकने की ज़िम्मेदारी थी।

अलेक्सांद्र ने दुनिया की बदलती हवा को देखते हुए अपनी राजशाही का स्वरूप बदल दिया। भिन्न-भिन्न मन्त्रालय बना दिये। अब प्रशासन सिर्फ़ राजा के हाथ में नहीं, बल्कि मन्त्रियों के हाथ में भी था। राजा हर फैसले पर उनसे विमर्श करते। इन्हीं मन्त्रालयों में एक युद्ध मन्त्रालय बना।

1807 में ज़ार अलेक्सांद्र घोड़े पर सवार होकर नेपोलियन की सेना से लड़ने युद्ध-भूमि में गये, लेकिन, वह भूल गये थे कि वह सेनापति नहीं हैं, राजा हैं। जबकि नेपोलियन एक काबिल सेनापति थे। रूस को शुरुआती जीत अवश्य मिली, लेकिन उसके बाद ज़ार की ग़लत रणनीति के कारण रूसियों को हार मिली। रूस ने सन्धि-प्रस्ताव रखा और नेपोलियन ने उन्हें बेइज़्ज़त करने में क़सर नहीं छोड़ी। उन्होंने एक नाव पर ज़ार अलेक्सांद्र को बुलाया, और वहीं ज़ार को सिर झुका कर सन्धि करनी पड़ी। नेपोलियन ने रूस को ब्रिटेन से सभी व्यापारिक सम्बन्ध तोड़ने का आदेश दिया।

लेकिन, अलेक्सांद्र अपनी शर्त से मुकर गये। ब्रिटेन से जहाज़ भर-भर कर सामान रूस आते रहे। नेपोलियन तक यह ख़बर पहुँची, वह भड़क उठे। 1812 में एक विशाल सेना लेकर उन्होंने रूस पर आक्रमण कर दिया। लाखों की तादाद में घुड़सवार और पैदल सेना रूस के अन्दर घुस गयी। रूस ने वही किया, जो वह करते आ रहे थे। उन्होंने नेपोलियन की सेना को अन्दर आने दिया!

नेपोलियन ने अब तक इतने विशाल देश में प्रवेश नहीं किया था, जहाँ जनसंख्या इतनी कम हो। सेना को रूस की वीरान सड़कों पर भोजन भी नसीब नहीं होता। न ही सड़कें बनी थीं कि फ्रांस से सामान जल्दी पहुँच सके। 7 सितम्बर को फ्रांसीसी सेना मॉस्को के निकट बोरोडिनो तक पहुँच गयी, जहाँ रूसी सेना से उनका मुक़ाबला हुआ। वहाँ पहुँच कर उन्हें अन्दाज़ा हुआ कि रूस की सेना तो विशाल है। वहाँ बराबरी की टक्कर हुई। इतिहासकारों के अनुसार मात्र एक दिन में दोनों पक्षों के लगभग एक लाख सैनिक मारे गये। जब रूस को लगने लगा कि अब क्षति अधिक हो रही है, उन्होंने मॉस्को खाली करा दिया। वहाँ एक नागरिक नहीं बचा। तमाम शाही महल, विश्वविद्यालय, सड़कें वीरान हो गयीं। जब नेपोलियन की सेना वहाँ पहुँची, न वहाँ कोई मारने के लिए बचा, न लूटने के लिए। मॉस्को एक चक्रव्यूह बन गया। फ्रांस की सेना अब असमंजस में थी कि आगे क्या करे? नेपोलियन स्वयं मॉस्को में इन्तज़ार करते रहे कि ज़ार आत्मसमर्पण करेंगे, लेकिन वे आये ही नहीं।

ठण्ड बढ़ती जा रही थी, और फ्रांसीसी सेना के वापस घर लौटने के अलावा चारा नहीं था। उस समय थकी-हारी लौटती फ्रांसीसी सेना को रूसियों ने खदेड़ना शुरू किया। हालत यह हो गयी कि लाखों की तादाद में आयी सेना में कुछ हज़ार ही वापस लौट सके। इतना ही नहीं, रूस की सेना ने पोलैण्ड के रास्ते फ्रांस की ओर बढ़ना शुरू कर दिया। नेपोलियन, जो यूरोप विजय करते हुए मॉस्को जीत चुके थे, उन्हें अपने पेरिस बचाने के लिए आना पड़ा। रूसी सेना पूरे जोश के साथ फ्रांस तक पहुँच गयी। 31 मार्च, 1814 को पेरिस के बाहर नेपोलियन की सेना को आत्मसमर्पण करना पड़ा। रूसियों ने अपनी हार को जीत में तब्दील कर दिया था। अगले वर्ष नेपोलियन ने वाटरलू में 'कम-बैक' की कोशिश की, लेकिन विफल रहे।

रूसी सेना पहली बार पेरिस पहुँची थी। उन्होंने यहाँ एक 'बिस्त्रो' संस्कृति की शुरुआत की, जिसका अर्थ होता है 'जल्दी-जल्दी'। यह ऐसी खाने की जगह थी जहाँ वह जल्दी से खाकर युद्ध में जा सकें। भले आज फ्रैंच इसे अपनी भोजन-संस्कृति कहते हैं, मगर है यह शब्द रूसी। फ्रांस पहुँच कर रूसियों को एक और चीज़ दिखी। वहाँ की आज़ादी। उन्होंने देखा कि वहाँ किसान और नागरिक किसी सामन्त की चाकरी नहीं करते। वे अपने खेत खुद सम्भालते हैं। सदियों से कृषि-दास रहे रूसी अपनी आज़ादी के स्वप्न देखने लगे। वे रूसी सैनिक जब युद्ध के बाद अपने गाँव लौटे, तो उन्होंने गाँव वालों से कहा कि क्या हमारे देश में ऐसा नहीं हो सकता? क्या हम आज़ाद नहीं हो सकते? उन्हें लगने लगा कि देश में एक जन-क्रान्ति की ज़रूरत है।

चित्र 4 : नेपोलियन की सेना, चित्रकार– एलिज़ाबेथ टॉम्पसॉन, 'पब्लिक डोमेन'

नेपोलियन की हार के तीन वर्ष बाद प्रशिया के गाँव त्रिएर में एक शिशु का जन्म हुआ, नाम रखा गया कार्ल मार्क्स।

इतिहास में जन-क्रान्तियाँ एक यूटोपियन ख़्वाब बन कर उभरती रही हैं। एक तिलिस्म जो कई बार टूटा है। मसलन फ्रांसीसी क्रान्ति के ठीक बाद वहाँ की सभा में दो पंथ उभरे। जो दाहिने बैठे, वे दक्षिणपन्थी कहलाये; जो बायें बैठे, वे वामपन्थी। वहाँ की जनता राजा के रक्त की प्यासी हो गयी। फ्रांस में 'आतंक का राज्य' (reign of terror) स्थापित हो गया। उस समय के घटनाक्रम पर चार्ल्स डिकेंस अपनी पुस्तक 'अ टेल ऑफ़ टू सिटीज़' की शुरुआत इन पंक्तियों से करते हैं–

> *'यह सबसे अच्छा वक्त था, और सबसे बुरा वक्त था। यह बुद्धिमानी का समय था, और मूर्खता का। यह विश्वास का वक्त का, और अविश्वास का। प्रकाश का समय था, और अंधकार का। आशाओं का वसन्त था, और निराशाओं की पूस। हमारे पास सब कुछ था, और कुछ नहीं था।'*

इसका अन्त कैसे हुआ? तानाशाही के अन्त के बाद अस्थिर फ्रांस को पुनः नेपोलियन की तानाशाही रास्ते पर लेकर आयी। वहाँ के दक्षिणपन्थ और वामपन्थ ने मिल कर स्थायित्व की चेष्टा की। उस काल के प्रभावी दार्शनिक हेगेल ने लिखा कि हर वाद (thesis) का एक प्रतिवाद (antithesis) होता है, और उनके मध्य संवाद ही सर्वोपरि है। हेगेल की राज्य की सोच में राजा का स्थान सबसे ऊपर था। उनका मानना था कि मजबूत राजा के बिना राज्य बिखर जायेगा।

जब रूस के राजा अलेक्सांद्र चल बसे, तो उनके दो छोटे भाइयों में एक राजा चुना जाना था, लेकिन उनमें किसी को राजा बनने की इच्छा नहीं थी। वहाँ के कुछ खानदानी लोगों और सेना के अफ़सरों ने मौका भाँप लिया। उन्होंने 1825 में ज़ारशाही के विरुद्ध विद्रोह कर दिया जो 'दिसम्बर विद्रोह' (Decembrist revolt) कहलाया। राजभवन के बाहर गोलियाँ चलने लगीं। उस समय अलेक्सांद्र के सबसे छोटे भाई निकोलस प्रथम ने कमान सम्भाली, और सभी क्रान्तिकारियों को बन्दी बना लिया।

ज़ार निकोलस (शासनकाल 1825–55) स्वयं एक फौजी और इंजीनियर रहे थे। उनका मानना था कि ज़ारशाही को एक निरंकुश राजतन्त्र बनाना ही होगा, अन्यथा विद्रोह होते रहेंगे। उन्होंने दोषी कुलीनों को फाँसी नहीं दी, बल्कि उन्हें साइबेरिया भेज दिया। वे वहाँ मुक्त थे किन्तु उन्हें मुख्य रूस आने की इजाज़त नहीं थी। इसमें अच्छी बात यह हुई कि सर्वहारा किसान-बहुल

साइबेरिया में अब पढ़े-लिखे अभिजात्य वर्ग के लोग पहुँचे। उन्होंने वहाँ शिक्षा-संस्थान, पुस्तकालय, रंगमंच और गिरजाघर स्थापित किये।

निकोलस ने रूस को अपने हाथ में लेकर अपनी इंजीनियरिंग बुद्धि लगायी और उद्योग स्थापित किये। औद्योगिक क्रान्ति रूस में देर से सही, मगर आयी। अब पीटर्सबर्ग से मॉस्को भाप-इंजन चल रहे थे। रूस के किसान शहरों में आकर फैक्ट्री में काम कर रहे थे। निकोलस को यह बदलता हुआ रूस आशंकित भी कर रहा था। उन्हें लग रहा था कि उद्योग जहाँ रूस को आर्थिक समृद्धि देंगे, वहीं मज़दूरों का ऐसा वर्ग खड़ा करेंगे जो उनकी सत्ता ले डूबेगा। रूस बिखर जायेगा।

उन्होंने राजा की सत्ता को अधिक ऊँचाई देनी शुरू की। क्रेमलिन को एक विशाल राजभवन में तब्दील किया गया, और उसके साथ ही एक भव्य गिरजाघर स्थापित किया। वह धर्म और राजा की सत्ता को सर्वश्रेष्ठ सिद्ध करना चाहते थे। उन्होंने कहा कि रूस को बाकी यूरोप की हलचलों से दूर रहना चाहिए। इतना बड़ा देश बिना राजतन्त्र के नहीं चल सकता। ज़ार की आशंका की एक माकूल वजह भी थी।

रूस में एक जर्मन अख़बार प्रचलित हो रहा था, जिसमें युवा पत्रकार कार्ल मार्क्स ने ज़ार निकोलस के निरंकुश शासन पर लेख लिखा था। ज़ार ने इस अख़बार पर प्रतिबन्ध लगा दिया। 1848 में क्रेमलिन में अपनी शाही कुर्सी पर बैठे निकोलस एक पुस्तिका को पलट रहे थे। लिखा था-

> *'राजनीतिक सत्ता केवल एक वर्ग द्वारा दूसरे वर्ग के उत्पीड़न की संगठित शक्ति का नाम है। बुर्जुआ के ख़िलाफ़ संघर्ष में सर्वहारा वर्ग को संगठित होना होगा। अगर वे क्रान्ति के माध्यम से स्वयं को शासक वर्ग बना लें, और उत्पादन-संस्थाओं को अपना अंग बना लें, तो वर्ग-व्यवस्था का अस्तित्व ख़त्म हो जायेगा। बाद में एक वर्ग के रूप में वह अपने प्रभुत्व का भी अन्त कर देंगे।'*

निकोलस को इस तेइस पृष्ठ की पुस्तिका में उनके आलीशान राजभवन को गिराने की क्षमता दिखने लगी। सदियों से चली आ रही ज़ारशाही का अन्त दिखने लगा। यह पुस्तिका भी उसी तीस वर्ष के पत्रकार कार्ल मार्क्स ने लिखी थी, शीर्षक था- 'कम्युनिस्ट मैनिफ़ेस्टो'।

कार्ल मार्क्स चाहे कुछ भी लिख लें, रूस जैसे देश में सर्वहारा क्रान्ति अकल्पनीय थी। वहाँ कैसे सुदूर साइबेरिया के, यूराल पहाड़ों के,

फिनलैण्ड सीमा के और एक काला सागर के तट के किसान साथ आते? मसलन भारत में ही 1857 की क्रान्ति पूरे देश में नहीं पसर सकी। भले ही मार्क्स ने भारत के संग्राम को एक मॉडल की तरह दुनिया को दिखाया, ज़मीन पर ऐसी जन-क्रान्ति यूरोप के छोटे देशों में ही सम्भव थी, लेकिन, सत्य तो यह भी है कि रूस में क्रान्ति हुई। मार्क्स का स्वप्न पूरा हुआ। आख़िर कैसे?

यह हौले-हौले 'स्टेप बाय स्टेप' हुआ। शुरुआत हुई प्रेम से। कविताओं से। कथाओं से। संगीत से।

ज़ार निकोलस के समय जब दिसम्बर क्रान्ति हुई, तो नवयुवक अलेक्सांद्र पुश्किन ने कविता रची– 'आज़ादी का गीत'। ऐसा लगा कि यह उन विद्रोहियों को समर्पित था, जिन्हें साइबेरिया भेजा जा रहा है। इस कविता के बाद उन्हें पकड़ कर काला सागर के निकट भेज दिया गया। चूँकि पुश्किन प्रसिद्ध कवि और राजकुमारों के निजी शिक्षक जुकोवस्की के चेले थे, उन्होंने पैरवी लगायी और वापस राजधानी बुला लिए गये। जुकोवस्की, पुश्किन और गोगोल की कविताओं ने रूस में रोमांस का संचार किया। पहले भी रूस में प्रेम मौजूद था। महारानी कैथरीन के अनेक प्रेमी हुए, एक प्रेमी तो साठोत्तर उम्र में भी हुए, लेकिन आम जनता की रोमांस क्रान्ति इन कविताओं से ही शुरू हुई।

पुश्किन कुलीन परिवार से होकर भी सर्वहारा वर्ग की वेशभूषा में उनकी ही तरह बेंत की टोपी, सूती कपड़ा और कंधे पर झोला लटकाये घूमते रहते। कवियों के साथ यह ख़तरा होता है कि ये क्रान्ति के बीज बो जाते हैं, शासकों की शामत आ जाती है। ज़ार निकोलस ने पुश्किन के पीछे गुप्तचर लगा दिये। ख़ैर, पुश्किन ऐसा कुछ नहीं कर रहे थे। वह तो लिक्खाड़ थे, लिखे ही चले जा रहे थे।

एक कविता है 'तू और आप'। अंग्रेज़ी में इसका अनुवाद बनता है– 'You and you'। अब कोई Thou घुसेड़ दे, अलग बात है, लेकिन आज की अंग्रेज़ी में इन दोनों के लिए एक ही शब्द है। रूस में एक किसान 'तू' था, और एक कुलीन 'आप'। पुश्किन की सर्वहारा वेश-भूषा देख कर एक सुन्दर स्त्री ऐना धोखा खा गयी और 'तू' बुला दिया। कुमार कौस्तुभ ने अपनी पुस्तक 'अलेक्सांद्र पुश्किन की प्रेम कविताएँ' में सीधे रूसी भाषा से सुन्दर अनुवाद किये हैं–

कहा उसने 'तू', भूल से,
जब खाली 'आप' की जगह

सामने खड़ा
सोचता हुआ कुछ
दुर्बल हीन भाव से।
कैसे मिलाऊँ आँख?

कहता हूँ– 'आप' हैं कितनी प्यारी!
सोचता रहा– कैसे 'तुझको प्यार करूँ'!

क्या कोई 'तू' किसी 'आप' से प्रेम नहीं कर सकता। अगर करेगा तो क्या होगा? ऐसे प्रेम करना, प्रेम में भागना, जान देना, बग़ावत करना क्रान्ति के छोटे-छोटे बीज थे। ऐसी बग़ावत बाद में खुल कर लियो तोलोस्तॉय के 'अन्ना केरनिना' में नज़र आये।

पुश्किन ने एक निहायत ही खूबसूरत स्त्री नतालिया से विवाह किया। उन्हें कुछ समय बाद मालूम पड़ा कि नतालिया एक सेना अफ़सर से प्रेम करती है। पुश्किन ने फ़िल्मी अन्दाज़ में नतालिया के प्रेमी को एक बन्दूक-दंगल के लिए आमन्त्रित किया। 1837 में एक दिन नियत समय पर दोनों बन्दूक लेकर आमने-सामने आ गये। पुश्किन कवि थे, जबकि दूसरे फौजी। पुश्किन को मरना ही था। रूस में ऐसे दंगल ग़ैरक़ानूनी थे। पुश्किन ने मृत्यु-शैया पर ज़ार निकोलस को माफ़ीनामा भेजा। ज़ार ने उनके मरने के बाद उनके तमाम क़र्ज़ भी चुकाये।

पुश्किन की आखिरी कविताओं में एक की पंक्तियाँ है–

मेरा प्यार
तुम्हें अब और दुख नहीं देगा...

जिस गहरे मन से मैंने तुम्हें प्यार किया
काश!
कोई और भी तुम्हें वैसा ही प्यार करे

ये प्रेम-गीत रूस में गाये जाने लगे। पुश्किन की मृत्यु को रूस की संस्कृति में एक शहादत की तरह देखा गया, कि एक कुलीन फौजी अफ़सर ने एक जन-कवि को गोली मार दी। यह इस हद तक संस्कृति में घुल गया कि मिखाइल लरमोन्तोव नामक कवि ने पुश्किन की परम्परा को आगे बढ़ाया। बेहतरीन रचनाएँ लिखीं। एक दिन उन्होंने भी एक फौजी अफसर को दंगल के लिए आमन्त्रित किया, और पुश्किन की तरह गोली खाकर मर गये! कोई पूछ सकते हैं कि इन घटनाओं से क्रान्ति का क्या?

किसी भी क्रान्ति के लिए आवश्यक है अपनी चाहत के लिए मृत्यु के भय का ख़त्म होना!

टिप्पणी

1. 1688–89 में अन्दरूनी कलहों से स्टुअर्ट वंश का अन्त हुआ, जब राजा जेम्स के अपने ही दामाद और डच शासक विलियम तृतीय ने इंग्लैण्ड पर हमला किया और glorious या bloodless revolution को जन्म दिया।

क्रीमिया

विश्व-युद्धों से पहले एक मिनी विश्व-युद्ध हुआ, जैसे क्रिकेट में वर्ल्ड-कप से पहले मिनी वर्ल्ड-कप होता है। यह युद्ध उस व्यापकता से नहीं पढ़ाया जाता, जितना व्यापक वह था। सिवाय अमेरिका और जापान के, इस युद्ध में सभी प्रमुख शक्तियाँ थी, यहाँ तक कि मुसलमानों का देश भी था। ब्रिटिश इतिहासकार तो इसे निरर्थक युद्ध कहते रहे, लेकिन यह एक निर्णायक युद्ध था। इस युद्ध ने जहाँ रूस के मन में पश्चिमी दुनिया के लिए सदा के लिए नफ़रत पैदा कर दी, इसने यूरोप को वे नए देश दिये जो हम आज मानचित्र में देख पाते हैं। इस युद्ध ने भारत से लेकर यूरोप तक क्रान्ति का आग़ाज़ किया। यह युद्ध कहलाता है– क्रीमिया का युद्ध! रूस इसे कहता है पूरब का युद्ध, जो 1853 के अक्टूबर में शुरू हुआ।

इस युद्ध का केन्द्र-बिन्दु वही था, जो सदियों से युद्धों का केन्द्र-बिन्दु रहा था। पवित्र भूमि। यानी जेरुसलम। वह भूमि जो समय-समय पर यहूदी, ईसाई और मुसलमानों के हाथ में रही।

हमने पहले पढ़ा है कि ऑर्थोडॉक्स ईसाई का केन्द्र कुस्तुनतुनिया गिर गया, और वहाँ मुसलमानों का कब्जा हो गया, लेकिन, ऑटोमन तुर्क के समय ग्रीक ईसाईयों ने पवित्र भूमि थोड़ी-बहुत सम्भाल रखी थी। वे ऑर्थोडॉक्स ईसाई थे, जिन पर रूस का वरदहस्त था। वहीं यूरोप के कैथॉलिक ईसाई चाहते थे कि पवित्र भूमि उनके हिस्से रहे। वे वहाँ जाकर बसने लगे थे। इन दोनों ईसाई समुदायों के झगड़े में तुर्की के मुस्लिम सुल्तान पंचायत लगा रहे थे। हालाँकि उन पर पहले से यह इल्जाम था कि वे अल्पसंख्यक ईसाइयों को प्रताड़ित करते हैं।

रूस के ज़ार निकोलस ने यह तय किया कि तुर्की पर हमला कर दिया जाये, और जेरुसलम की चाभी ऑर्थोडॉक्स चर्च को हमेशा के लिए पकड़ा दिया जाये। इसी बहाने उनका इरादा मध्य एशिया में रूस के विस्तार का था,

क्योंकि तुर्क अब यूँ भी उनके सामने बहुत छोटी शक्ति थे। ज़ार की सेना काला सागर के इर्द-गिर्द मँडराने लगी और कुछ क्षेत्रों जैसे मोल्दाविया (आज के रोमानिया) पर क़ब्ज़ा कर लिया। तुर्क के पाशाओं ने अपने पासे फेंके।

उस समय फ्रांस के शासक नेपोलियन तृतीय (नेपोलियन महान के भतीजे) रूस से पुरानी हार का बदला लेने को आतुर थे। दूसरी तरफ़, इंग्लैण्ड के लिए रूस को रोकना ज़रूरी था क्योंकि मध्य-एशिया पर क़ब्ज़े के बाद रूसी भारत को भी नहीं छोड़ते। इसके अतिरिक्त सार्डिनिया (अब इटली) तो कैथॉलिक ईसाईयों का गढ़ था। वे भी धर्मयुद्ध समझ कर जुड़ गये। यह ऐतिहासिक था कि तीन ईसाई शक्तियाँ और एक मुसलमान राज्य 'तुर्की' एक तरफ़ थे, और दूसरी तरफ़ था अकेला रूस। यह आख़िर कैसा चक्रव्यूह रचा गया था?

ज़ार निकोलस ने अपने देशवासियों को जगाया कि यह युद्ध राष्ट्र के लिए है, और धर्म के लिए भी। यह रूस की आन-बान-शान की लड़ाई थी। खेतों से उठ कर किसान फौज में भर्ती हो रहे थे। कुलीन परिवार के युवा कमर कस कर युद्ध में कूद पड़े थे। उन्हीं फौजियों में एक प्रतिष्ठित परिवार का युवक लियो टॉलस्टॉय भी था, जिसे इस रक्तरंजित युद्ध के बाद हिंसा से विरक्ति हो गयी। उन्होंने इस युद्ध का मार्मिक विवरण लिखा है कि किस तरह अपने ही साथियों की लाशों पर चल कर वह फ्रंट पर जाते थे।[1]

यह पहला युद्ध था, जिसमें लाइट-कैमरा-ऐक्शन था। टेलीग्राफ़ का पहली बार उपयोग हो रहा था, जिसके द्वारा सीमा पर फौजियों को सन्देश भेजे जा रहे थे। फ़्लॉरेंस नाइटेंगल नामक एक महिला हाथ में लैंप लिए फौजियों की सेवा कर रही थी, जिससे नर्सिंग पेशे का उदय हुआ। अख़बारों में पहली बार लाइव कवरेज हो रहा था, तस्वीरें खींची जा रही थी। मुझे याद है कि खाड़ी युद्ध को देखने के लिए भारत में केबल टेलीविज़न का आगमन हुआ था। क्रीमिया युद्ध को पढ़ने के लिए बम्बई का एक अख़बार 'बॉम्बे टाइम्स' धड़ल्ले से बिकने लगा, जो बाद में कहलाया 'टाइम्स ऑफ़ इंडिया'। कार्ल मार्क्स न्यूयॉर्क ट्रिब्यून के लिए इस युद्ध पर लेख लिख रहे थे। 1856 तक चले इस युद्ध की ख़बरों को पढ़ कर भारत में भी एक संग्राम की नींव तैयार हो रही थी।

हर बड़ी लड़ाई की शुरुआत एक छोटी लड़ाई से होती है। यूँ तो जेरूसलम यहूदियों, ईसाइयों, और मुसलमानों तीनों की पवित्र भूमि है, उन्नीसवीं सदी में

यह ईसाइयों के लिए सबसे हैपेनिंग तीर्थ बन गया था। यहाँ के गिरजाघर में दूर-दूर से कोई जहाज़ पर बैठ कर, कोई ट्रेन पर बैठ कर, तो कोई महीनों पैदल ही चल कर तीर्थ करने आता। तुर्क सुल्तान का ख़ज़ाना इन तीर्थयात्रियों से तो भरता, दुकानें फिलीस्तीनी मुसलमानों की थीं और रईस ईसाइयों के टूर गाइड मुसलमान ही रहते।[2]

धीरे-धीरे हर बड़े यूरोपीय देश वहाँ धर्मशालाएँ, मठ, रैनबसेरा और अपने गिरजाघर बनाने लग गये। ग्रीक और रूसी मिल कर ऑर्थोडॉक्स समुदाय के इन्तज़ाम करने लगे, वहीं शेष यूरोप के कैथॉलिक वहाँ ज़मीन खरीदने लगे। चूँकि वहाँ के गिरजाघर में एक पत्थर पर यीशु मसीह का पवित्र क्रॉस गड़ा हुआ था, तो वह दोनों के लिए पूज्य था। तुर्की के सुल्तान अपने फ़रमान से यह निर्णय करते कि कब कौन-सा समुदाय पूजा करेगा। कोई झगड़ा न हो, इसलिए उन्होंने अच्छी-ख़ासी सुरक्षा-व्यवस्था कर रखी थी।

हुआ यूँ कि 1846 में ग्रीक और रोमन कैलेंडर के हिसाब से गुड फ्राइडे एक ही दिन पड़ गया। गिरजाघर में सुबह से ही भीड़ लगनी शुरू हो गयी। रोमन पा़दरी अपनी सफ़ेद चादर लेकर पूजा की वेदी की ओर बढ़ने लगे, तो देखा कि ग्रीक पादरी पहले से वहाँ रेशमी चादर लिए खड़े हैं।

उन्होंने पूछा, 'तुम सुल्तान का फ़रमान दिखाओ। तुम कैसे पहले पूजा कर रहे हो?'

ग्रीक पादरी ने कहा, 'तुम अपना फ़रमान दिखाओ कि तुम्हें पहले पूजा का हक कैसे है?'

फिर क्या था! रोमन पादरी ने ग्रीक पादरी को धक्का दिया, और दोनों समुदाय भिड़ गये। कोई डण्डे से पीट रहा था तो कोई क्रॉस से ही लड़ रहा था। किसी ने दूसरे के कपड़े में आग लगा दी, तो कोई छुरा भोंक गया। यहाँ तक कि इस पवित्र गिरजाघर में गोलियाँ चल गयी। जब तक सुल्तान के सुरक्षा-गार्ड हलचल सुन कर अन्दर पहुँचते, चालीस लाशें गिर चुकी थी!

एक चश्मदीद हैरीयट मार्टिनो ने इसका वर्णन करते लिखा है, 'धर्म के नाम पर ये लोग यीशु मसीह के स्थल पर जानवरों की तरह लड़ रहे थे'[3]

उस समय जब ये पादरी अपने-अपने राजाओं के पास गुहार लेकर पहुँचे तो युद्ध की भूमिका बन गयी। हर साल पन्द्रह हज़ार रूसी पदयात्री पहाड़ों और रेगिस्तानों को लाँघ कर इस तीर्थ जाते थे। यह रूस के कुलीनों से अधिक वहाँ के सर्वहारा के लिए एक ऐसा स्थल था, जहाँ वे मन्नत माँगने जाते थे। यही कारण था कि जब ज़ार ने इसे हमेशा के लिए निपटाने

और जेरूसलम को रूस का हिस्सा बनाने का आह्वान किया तो रूसी अपनी जान देने उमड़ पड़े।

वहीं, रोम में पोप ने अलग ही घोषणा कर दी कि यीशु मसीह का स्थल तो अब हमारा ही होगा, चाहे हमें अपनी जान क्यों न देनी पड़े। इस आह्वान का अर्थ था कि जो भी देश थोड़े-बहुत रूस के मित्र थे, वे भी अब कैथॉलिक पन्थ के नाम पर उसके ख़िलाफ़ हो गये थे।

इन दोनों ईसाई पन्थों के बीच फँस गया तुर्की। पश्चिमी यूरोप की सेना के उसकी ज़मीन पर आने के कई मायने थे। उन्हें अपने घर आमन्त्रित करने का अर्थ था मुसलमान दुनिया में ईसाइयों का हस्तक्षेप। यह इतिहास में नहीं हुआ था कि मुसलमानों और ईसाईयों ने हाथ मिला कर युद्ध लड़ा हो। इतिहासकार मानते हैं कि तुर्की का वह आमन्त्रण आत्मरक्षा के लिए उचित था, लेकिन यह हस्तक्षेप मध्य एशिया के मुसलमानों और रूसियों, दोनों में पश्चिम के लिए एक स्थायी नफ़रत दे गया। फ़्लैशबैक में जायें तो अगर उस दिन ग्रीक पादरी और रोमन पादरी आपस में बतिया कर एक साथ चादर रखने पर राज़ी हो जाते, तो शायद आज दुनिया कुछ और होती, लेकिन, क्या पता यह खेल का हिस्सा हो। गिरजाघर में जो हुआ, वह जान-बूझकर करवाया गया हो। इस बात के कोई सबूत नहीं लेकिन, लगे हाथ एक घटना लिख दूँ।

1842 में उज़्बेकिस्तान के बुखारा में ईस्ट इंडिया कम्पनी के दो ब्रिटिश अफ़सर कड़ी धूप में ज़मीन पर घुटनों के बल बैठे थे। उनके हाथ पीछे बँधे थे।

वहाँ के अमीर उनसे पूछ रहे थे, 'ख़ान अली! तुम मुसलमान के भेष में फिरंगी हो। तुम्हारा असली नाम क्या है और यहाँ क्या कर रहे हो?'

'मेरा नाम आर्थर कॉनली है। हम 'ग्रेट गेम' के लिए काम करते हैं'।

उनका सिर कलम कर वहीं दफ़ना दिया गया। यह केजीबी और सीआइए से सौ साल पुरानी बात है, जब रूस और इंग्लैण्ड के गुप्तचर जियोपॉलिटिक्स के मोहरे बनने लगे थे। दोनों ही देश पश्चिम एशिया में अपनी पकड़ चाहते थे। रडयार्ड किपलिंग ने इसी खेल के प्लॉट पर उपन्यास लिखा 'किम'। क्रीमिया युद्ध को समझने के लिए इस 'ग्रेट गेम' को ध्यान में रखना ज़रूरी है।[4] 'ग्रेट गेम' एक ऐसा शतरंज का खेल था, जिसके खिलाड़ी थे रूस और इंग्लैण्ड, बिसात थी पश्चिम एशिया, और जीत का ईनाम था– भारत!

स्कूल की NCERT किताब में एक अल्फ्रेड टेनिसन की कविता पढ़ायी जाती है– 'चार्ज ऑफ़ द लाइट ब्रिगेड', जिसमें छह सौ सैनिक युद्ध के लिए निकलते हैं,

और तोप-गोलों के मध्य फँस जाते हैं।[5] वे गिरते हैं, मरते हैं, लेकिन आगे बढ़ते रहते हैं। यह कविता क्रीमिया युद्ध में इंग्लैण्ड की सबसे शौर्यपूर्ण लाइट ब्रिगेड की हार के तुरन्त बाद लिखी गयी थी। ऐसी कवितायें कम होती हैं, जिसमें एक हारती हुई सेना का गान गाया हो।[6]

शुरुआत कुछ यूँ हुई कि रूस की नौसेना लगभग पूरे यूरोप की परिक्रमा करती हुई भूमध्य सागर के रास्ते तुर्की पहुँच गयी और उनके जहाज़ी बेड़े को नेस्तनाबूद कर दिया। ऐसा लगा कि एक पल में इस्ताम्बुल स्वाहा हो जायेगा। जब यह ख़बर इंग्लैण्ड और फ्रांस तक पहुँची, उन्होंने पहले रूस के सभी समुद्री रास्ते बन्द कर दिये। न सिर्फ़ बाल्टिक सागर, बल्कि साइबेरिया के पूर्व में प्रशान्त महासागर को भी घेर लिया। उसके बाद इंग्लैण्ड-फ्रांस की सेना भूमध्य सागर पहुँच गयीं। वहाँ शुरू हुआ घमासान युद्ध!

ब्रिटेन और फ्रांस तो जहाज़ी फ़तहों के लिए ही जाने जाते थे। रूस ने निर्जन अलास्का के सिवाय समुद्री रास्ते से कुछ ख़ास कभी जीता नहीं था। रूस की अपरिपक्व नौसेना पर दोनों कहीं भारी पड़े। रूस के क्रीमिया प्रायद्वीप के सेवोस्तोपोल पोत पर नेपोलियन तृतीय और ब्रिटिश रॉयल नेवी का कब्जा हो गया। जब ज़मीनी लड़ाई शुरू हुई, तो वहाँ भी रूस ने औद्योगिक क्रान्ति में पिछड़े रहने का सबब पाया। रूसी सैनिक तादाद में कहीं अधिक थे, लेकिन उनकी लड़ाई पुराने जमाने की थी। उनके पास न टेलीग्राफ़ सन्देशों की ताक़त थी, न उच्च कोटि के हथियार थे, न ही चक्रव्यूह रचने की क्षमता। जहाँ रूसी एक मारते थे, वहाँ इंग्लैण्ड-फ्रांस दस मारते थे। यह तो रूस का जज़्बा था या यूँ कहें कि तानाशाही का आदेश था कि फिर से दस खड़े हो जाते।

इसी युद्ध में ब्रिटेन ने वह पैटर्न 1853 एनफ़ील्ड राइफल और उसके 'वाटरफ्रूफ़' कारतूस प्रयोग किये, जो रूसी छर्रों पर कहीं भारी पड़े। यह चमकीले कारतूस जब भारत पहुँचे तो ख़बर फैल गयी कि इसमें चर्बी का इस्तेमाल होता है। उसके बाद क्या हुआ, हम जानते हैं। आज भी सेवोस्तोपोल शहर उन लाशों के ऊपर खड़ा है, जो तीन वर्षों तक चले इस युद्ध में गिरे। आँकड़ों के अनुसार लगभग पाँच लाख रूसी, एक लाख फ्रांसीसी, और बीस हज़ार ब्रिटिश मारे गये। स्वयं ज़ार निकोलस युद्ध के दौरान चल बसे।

तीन दशकों से राज कर रहे ज़ार निकोलस का गिरना एक साधारण घटना नहीं थी। इसने राजशाही के मनोबल को गिरा दिया। ज़ार के पुत्र अलेक्सांद्र द्वितीय (शासनकाल 1855-1881) गद्दी पर बैठे और उन्होंने युद्ध

समाप्ति की घोषणा कर दी। वह जानते थे कि युद्ध चलता रहा तो रूस के किसान या तो एक-एक कर युद्ध में मर जायेंगे, या विद्रोह कर देंगे। 1856 में पेरिस में समझौता हुआ। इस युद्ध के बाद यूरोप का मानचित्र भी बदला।

एक प्रसिद्ध कथन है– 'क्रीमिया की कीचड़ से इटली का जन्म हुआ'। इटली से पहले इस कीचड़ से रोमानिया की पैदाइश हुई।[7] पन्द्रह साल बाद जन्म तो यूरोप में एक और देश का हुआ, जो अगले विश्व-युद्धों का केन्द्र और रूस के लिए नासूर बना–जर्मनी!

रूस में पहले मार्क्सवाद नहीं आया। पहले वहीं आया, जो यूरोप और बाकी दुनिया में आ रहा था। वह था समाजवाद। अब इसे अदल-बदल कर एक जैसी पहचान दी जाती है, लेकिन दोनों में स्पष्ट अन्तर हैं।

समाजवादी कोई क्रान्तिकारी फेर-बदल नहीं चाहते थे, वे वर्ग-संघर्ष को धीरे-धीरे घटाना चाहते थे। जहाँ साम्यवाद में एक तानाशाही सरकार द्वारा राज्य की सम्पूर्ण सम्पत्ति पर अधिकार की बात थी, समाजवादी एक लोकतन्त्र या कम से कम एक न्यायपूर्ण राजतन्त्र चाहते थे। किसी को गुलामी न करनी पड़े। राज्य अपने संसाधनों का न्यायसंगत वितरण करे। अगर आज के अधिकांश यूरोपीय देश और ख़ास कर स्कैंडिनेविया 'नॉर्वे, डेनमार्क, स्वीडन' देखें, तो वहाँ कमोबेश ऐसी संरचना है। साम्यवाद नहीं आया, लेकिन वर्ग-संघर्ष घटता चला गया।

क्रीमिया युद्ध के बाद ज़ार अलेक्सांद्र अपनी सभा लगा कर बैठे, और कुछ इस तरह विमर्श किया–

'हमें अब राजशाही के ढर्रे को बदलने की ज़रूरत है। अन्यथा, विद्रोह होकर रहेगा।', ज़ार ने कहा

'आपकी बात ठीक है कि युद्ध के बाद हम कमज़ोर पड़े हैं, लेकिन, विद्रोह? उसकी कोई सम्भावना नहीं।'

'कम से कम यह दास-प्रथा तो ख़त्म करनी ही होगी। अब एक भी ऐसा देश बचा है, जहाँ ऐसी प्रथा चल रही हो? इंग्लैण्ड ने अफ्रीकी गुलामों को भी मुक्त कर दिया।'

'हमने कभी गुलाम लाये कहाँ, जो मुक्त करेंगे। किसान तो हर देश में खेतों में ही काम करते हैं।'

'लेकिन, अन्य देशों में वे स्वतन्त्र हैं। वे जहाँ चाहें, वहाँ काम कर सकते हैं।'

'फिर हमारा क्या होगा? बिना किसानों के हमारे खेत कौन सम्भालेंगे?'

'मैं इस कृषि-दासता का बोझ अब नहीं उठा सकता। आपको ख़बर है कि किस तरह के लेख छप रहे हैं?'

'हर्ज़न के लेखों की बात अगर आप कर रहे हैं, तो वह पागल इस देश में है ही नहीं। न ही हम उसे और उसके लेखों को आने देंगे'

'कब तक रोकेंगे आप? वह उस कार्ल मार्क्स के साथ लन्दन में घूम रहा है। सच पूछिए, तो मुझे उसकी बात ठीक लगती है।'

'ज़ार! अगर आप कृषि-दासों को मुक्त करना चाहते हैं तो अभी यहीं आप सभी मन्त्रियों से पूछ लें। कितने लोग चाहते हैं?'

'आप भूल गये हैं कि हम ज़ार हैं। आपको मत देने का अधिकार है, निर्णय का नहीं। मैं, ज़ार अलेक्सांद्र, यह घोषणा करता हूँ कि रूस में अब एक भी किसान किसी का ग़ुलाम बन कर नहीं रहेगा।'

'आपका आदेश सिर आँखों पर, लेकिन, आपकी यह घोषणा ऐसा तूफ़ान लायेगी कि आप अगर बच भी गये, आपकी आने वाली पुश्तें ज़ार नहीं रह पायेंगी।'

'हम ज़ार आखिर हैं क्या? हम ईश्वर की वजह से इस गद्दी पर हैं। उनकी इच्छा नहीं होगी, तो न यह गद्दी रहेगी, न मैं रहूँगा।'

1861 में बहुमत के विरुद्ध ज़ार ने यह फ़ैसला ले लिया कि कृषि-दासता सदा के लिए ख़त्म कर दी जायेगी। रूसी समाजवाद के पितामह हर्ज़न, जिनको देश निकाला दे दिया गया था, उन्होंने लन्दन में बैठ कर मुहिम चलायी थी। वह कार्ल मार्क्स के विचारों से सहमत नहीं थे, और यही कारण है कि उन्हें कम्युनिस्ट रूस में ख़ास तवज्जो नहीं मिली, लेकिन, पंकज मिश्र की पुस्तक 'धूर्त कट्टरपन्थी' 'The bland fanatics' में उन पर एक पूरा अध्याय है।[8]

हर्जन ने यह अनुमान लगाया था कि अगर धर्म ख़त्म भी कर दिये जायें तो भविष्य में एक पाँचवा धर्म जन्म लेगा– उदारवादियों का। वे ऐसे लोग होंगे जो सरकार पर आश्रित रह कर भी हमेशा सरकार का विरोध करते रहेंगे। वे अब नव-उदारवादी 'नियो-लिबरल्स' कहलाते हैं।

दूसरा अनुमान यह था कि भविष्य के दुकानदार अपनी दुकान चलायेंगे, और सरकार उस दुकान में सहायक 'शॉप असिस्टेंट' रहेगी, जो अब 'क्रोनी-केपिटलिज़्म' कहलाता है।

उनका तीसरा अनुमान यह था कि यह दोनों अगर समय पर नहीं नियन्त्रित हुए तो एक तरफ़ उदारवादियों से नफ़रत पैदा होगी, दूसरी तरफ़ दुनिया में वीभत्स खूनी नस्लीय लड़ाई होगी।

कोई हर्ज़न की बातों से प्रभावित हो या न हो, ज़ार अलेक्सांद्र तो वाकई हुए थे। ज़ार ने अपने आदर्श और पारदर्शी प्रशासन के लिए पहली बार 'ग्लासनोस्त' शब्द का प्रयोग किया। यह विस्फोटक शब्द जब दूसरी बार मिखाइल गोर्बाचेव द्वारा बोला गया तो सोवियत रूस टुकड़ों-टुकड़ों में बिखर गया।

टिप्पणी

1. टॉलस्टॉय लियो, सेवस्तोपोल स्केचेज़, हार्पर, 1887
2. फिगेस, ऑर्लैंडो, द क्रायमीयन वार, मेट्रोपॉलिटन बुक्स, न्यूयॉर्क
3. मार्टिनो, हैरीयट, ईस्टर्न लाइफ़: प्रेज़ेंट एंड पास्ट, लन्दन, 1848, वॉल्यूम 3, पृ. 120-21
4. आर्थर कोनोली ने ही 'ग्रेट गेम' शब्द एक चिट्ठी में प्रयोग किया था। देखें-होपकिरक, पीटर, द ग्रेट गेम: ऑन सीक्रेट सर्विस इन हाई एज़ा, जान मरी, 1990
5. कविता की शुरुआती पंक्तियाँ हैं–

   Half a league] half a league onward
   All in the valley of death
   Rode the six hundred–
   "Forward, The Light Brigade!
   Charge for the guns!!" he said–
   Into the valley of Death
   Rode the six hundred
6. इस तरह के थीम कुछ भारतीय क्रान्तियों में भी मिलते हैं, जब एक व्यक्ति गिरते हुए दूसरे को झण्डा दे रहा हो, और वह गिरते हुए तीसरे को। जैसे पटना का शहीद स्मारक ऐसी ही एक घटना का खूबसूरत चित्रण करता है।
7. 1859 में मोलदविया और वल्लाचिया के एकीकरण से रोमानिया बना, 1861 में इटली का एकीकरण शुरू हुआ और 1871 में जर्मनी बना।
8. मिश्रा, पंकज, ब्लैंड फ़नाटिक्स: लिबरल्ज़, रेस, एंड एम्पायर, वर्सो, 2020

समाजवाद

ज़ारशाही की बुराई से इतिहास के पन्ने भरे हैं, लेकिन आज के रूस में कुछ महान ज़ार शासकों की चर्चा हो रही है। अगर उस दौर पर आधारित फ़िल्म या वृत्तचित्र देखें, तो उसमें ज़ारशाही के लिए सहानुभूति के पुट दिख सकते हैं। उदाहरण के लिए नेटफ्लिक्स पर उपलब्ध 'द लास्ट ज़ार्स' या 'द एम्पायर ऑफ़ ज़ार' में उनके गुण-गान मिल सकते हैं।

कम्युनिस्ट रूस में यह इतिहास काले अक्षरों में लिखा गया, क्योंकि उनका मूल ही निरंकुश राजशाही का अन्त था। यह बात पेरिस में भी दिख सकती है, जहाँ मैंने घोड़े पर सवार लुई चौदहवाँ की प्रतिमा तो देखी, लेकिन राजशाही का बहुत गुण-गान नहीं देखा। इतिहास की किताबों में शासक के नाम पर नेपोलियन की अधिक महिमा है, जो क्रान्ति के बाद आये थे। भारत में भी निरंकुश राजशाही रही है, लेकिन इतिहास में यह क्रमबद्ध तरीके से पढ़ाया गया। ऐसे स्कूली बच्चे मिल जायेंगे जो मौर्य वंश, गुप्त वंश, खिलजी, मुगल शासकों या ब्रिटिश गवर्नर जनरलों के नाम बता देंगे।

ज़ार अलेक्सांद्र 'द्वितीय' रूस के ऐतिहासिक सुधारक कहे जा सकते हैं। उन्होंने कृषि-दासता ख़त्म करने के साथ ही एक स्वतन्त्र न्यायपालिका घोषित की। यह ऐसी न्यायपालिका थी, जो ज़ार के हस्तक्षेप से मुक्त थी। काग़ज़ पर इसे यूरोप की सर्वोत्तम न्यायपालिका कहा जा सकता था। शारीरिक दण्ड को कम कर दिया गया, यानी अब क़ैदी को चाबुक से यूँ ही नहीं मारा जा सकता था। उन्होंने प्रेस और साहित्य को अधिक आज़ादी दी। रूस में ग्राम स्वराज 'ज़ेमस्त्वो' की स्थापना हुई, जिसके कारण गाँव-गाँव में स्कूल, सड़कें आदि बननी शुरू हुईं। उच्च और तकनीकी शिक्षा को खूब बढ़ावा मिला।

इन तमाम सुधारों और गुलामी के अन्त के बावजूद ज़ार अलेक्सांद्र को अब्राहम लिंकन के समकक्ष नहीं माना जाता। बल्कि, वह ऐसे राजा रहे, जिन पर सबसे अधिक हत्या के प्रयास हुए और अन्ततः हत्या कर दी गयी। क्यों?

दरअसल, इस स्वतन्त्रता से रूस में एक बुद्धिजीवी वर्ग का उदय हुआ, जो तर्क-विमर्श करने लगे। किताबें और पत्रिकायें छपने लगीं। लड़के बाल बढ़ाने लगे, लड़कियाँ बाल छोटे करने लगीं। विद्यार्थियों और प्रोफ़ेसरों के समूह बनते चले गये। कुछ नरम मिज़ाज के लोकतान्त्रिक हल ढूँढ़ने वाले, तो कुछ सीधे ज़ार को गोली मार कर सर्वहारा को सत्ता दिलाने वाले। वे पढ़े-लिखे ग्रैजुएट गाँवों में पहुँच कर भी अपने तर्क रखने लगे, अन्याय के विरुद्ध लड़ने के लिए कहने लगे। हालाँकि किसानों ने ख़ास रुचि नहीं दिखायी।

1863 में एक उपन्यास छपा था– 'क्या करना चाहिए?' (वाट इज टू बी डन)। निकोलाइ चेर्नीस्वेस्की के इस उपन्यास को एक बाइबल की तरह रूस में पढ़ा जाने लगा। इसका यूँ प्रभाव पड़ा कि लियो टॉलस्टॉय और दोस्तोवेस्की जैसे लेखकों ने इसी शीर्षक से इस किताब का जवाब लिखा। बाद में लेनिन नामक एक क्रान्तिकारी ने इसी नाम से एक पुस्तिका छपवायी। यह एक उदाहरण है कि किस तरह कुछ काग़ज़ के पन्ने दुनिया के छठे हिस्से जितने बड़े देश को बदल सकते हैं।

यह उपन्यास आज के मानकों से एक बेतरतीब लिखी किताब है। इसमें एक शादी-शुदा महिला अपने व्यवस्था-विवाह से अलग होकर एक सहकारी मॉडल बनाती है। वह कुछ महिलाओं के साथ मिल कर कुटीर उद्योग स्थापित करती है, और एक स्वतन्त्र अर्थव्यवस्था तैयार करती है। आज यह एक साधारण मॉडल लग सकता है, लेकिन उस समय के रूस में यह एक नया कंसेप्ट था। ऐसा कंसेप्ट कि किसानों को सामन्तों पर आश्रित नहीं रहना, वे मिल कर सहकारी औद्योगिक खेती कर सकते हैं। उनके उपन्यास के अनुसार स्त्रियों को पारम्परिक ढाँचे से निकलना होगा और उन्हें पुरुषों पर आश्रित रहने की आवश्यकता नहीं। यह बातें उन्नीसवीं सदी में बड़ी बात थी। एक दूसरा पहलू यह भी था कि उपन्यास जेल में लिखी गयी थी, जिस कारण क्रान्तिकारी पक्ष अधिक उभर आया। इसके प्रभाव दिखने शुरु हो गये।

4 अप्रैल, 1866 को ज़ार अलेक्सांद्र अपने समर पैलेस से निकल कर अपनी बग्घी की तरफ़ बढ़े। तभी उन पर एक युवक ने गोली चला दी। एक राहगीर ने उसकी कोहनी पर झपट्टा मारा, और निशाना चूक गया। ज़ार अपने पूर्वजों के विपरीत, हमलावर से बात करने चल दिये।

उन्होंने पूछा, 'क्या बात हो गयी? आप मुझसे नाराज़ क्यों हैं? आप पोलिश (पोलैण्ड के) हैं? आपको क्या चाहिए?'

उसने कहा, 'नहीं। मैं रूसी हूँ। मुझे आपसे कुछ नहीं चाहिए।'

यह रूस में अप्रत्याशित था कि एक आम युवक यूँ सड़क पर सीधे ज़ार पर गोली चला दे। जहाँ एक तरफ़ परम्परावादियों ने इसे एक घृणित अपराध कहा, हमलावर काराकोजोव क्रान्तिकारियों के नायक बन गये। उन्हें फाँसी दे दी गयी और उनकी तस्वीरें यूनिवर्सिटी के छात्रों की दीवालों पर लग गयी। वे भी अब काराकोजोव बनना चाहते थे।

अगले ही वर्ष रूस में एक और किताब छप कर आयी– 'दास कैपिटल'।

सर्वहारा के लिए किया गया आन्दोलन सिर्फ़ सर्वहारा द्वारा नहीं था। रूस इतना विशाल था कि गाँव-गाँव तक पहुँच कर किसानों को जागृत कर उन्हें आन्दोलित करना कठिन था। कार्ल मार्क्स या हर्ज़न के लेख पढ़ने की उनमें क्षमता नहीं थी। काफ़ी हद तक किसान धर्मनिष्ठ, परम्परावादी और राजशाही के समर्थक थे। वे भले ही शोषित थे, उन्हें उनका समुचित मेहनताना नहीं मिलता था, लेकिन यह समझ बुद्धिजीवी वर्ग को ही थी। कमोबेश यह स्थिति दुनियाभर में रही है कि खेतों में हल जोतते किसान को यह नहीं मालूम होता कि उसके ऊपर लम्बे लेख लिखे जा रहे हैं, आन्दोलन चल रहे हैं, क्रान्ति हो रही है। एक तरह से कहा जा सकता है कि सर्वहारा की क्रान्ति पढ़े-लिखे अभिजात्य वर्ग के ही जिम्मे है।

पहले प्रयास जो रूस में हुए, उनका उद्देश्य था– 'जनता तक पहुँचो'। इसमें तमाम बुद्धिजीवी युवक और युवतियाँ कॉलेज से पढ़ कर गाँव के लोगों तक पहुँचे, लेकिन, उनमें संवाद-दोष हो गया। जब वे समझाते कि ज़ारशाही उन किसानों का शोषण कर रही है, तो किसान उल्टे उनकी मुख़बिरी कर देते कि ये लोग उन्हें भड़का रहे हैं। वे उन्हें पकड़वा देते, और इस तरह यह स्कीम कामयाब नहीं रही।

दूसरा प्रयास अधिक प्रायोगिक था। उसमें गाँव की बजाय शहरों में बुद्धिजीवियों और शिक्षित युवाओं का संगठन बना, जो कहलाया 'ज़मीन और आज़ादी' (लैंड एंड फ्रीडम)। यह संगठन सत्याग्रह में विश्वास करती थी, जिसमें सामन्तवाद और निरंकुश राजशाही के ख़िलाफ़ विरोध दर्ज़ किये जाते। वे हिंसक नहीं थे, और पत्रिका में लेखों या कविताओं से अपनी बात रखते थे। उनमें से कई लोग पकड़ कर जेल भेज दिये गये। यह स्कीम भी ख़ास नहीं चल पायी।

तीसरा प्रयास सबसे आक्रामक और हिंसक था। वे क्रान्तिकारी थे, जिनका किसी सत्याग्रह में भरोसा नहीं था। वे ज़ारशाही को जड़ से उखाड़ना चाहते थे।

उनकी योजना कुलीन मन्त्रियों, सरकारी भवनों और यहाँ तक कि ज़ार पर हमला था। वे बन्दूक लेकर घूमने, बम बनाने, सरकारी सम्पत्ति लूटने, और राजनैतिक हत्याएँ करने में विश्वास करते थे। युवाओं का आकर्षण इस समूह से सबसे अधिक था। अगर उन्हें पकड़ कर जेल भेजा जाता और फाँसी दी जाती, तो वे 'शहीद' कहलाते। वे कहलाये– 'जनता की इच्छा' (पीपल्स विल)! यही अपने मन्सूबों में सफल रहे।

1878 में सेंट पीटर्सबर्ग के गवर्नर जनरल ने एक क्रान्तिकारी को कठोर शारीरिक यातना दिये जाने के आदेश दिये। उस समय ज़ार ने ऐसी यातना पर रोक लगा दी थी, लेकिन क़ैदी को बेरहमी से पीटा गया। वेरा जासुलिच नामक एक युवती उन गवर्नर जनरल के चैम्बर में दाखिल हुई, उनके ऊपर बन्दूक तान दी और दना-दन गोलियाँ चला दीं। यह अभूतपूर्व था। हद तो तब हो गयी जब एक लम्बी जिरह के बाद न्यायपालिका ने युवती के क़दम को सही ठहरा दिया। उसे बरी कर दिया गया, और वह विदेश भाग गयी। यह ज़ार द्वारा स्वतन्त्र की गयी न्यायपालिका का नतीजा था। ये क्रान्तिकारी युवा अब रूस के नायक बनते जा रहे थे, और छात्र उनकी ही तरह क्रान्ति करना चाहते थे।

ज़ार अलेक्सांद्र को इस क्रान्ति की ख़बर थी, और हमले का अन्देशा भी था, लेकिन वह धार्मिक व्यक्ति थे। वह कहते कि सब ईश्वर के हाथ में है, और उन्हें अतिरिक्त सुरक्षा की ज़रूरत नहीं। 1880 में एक क्रान्तिकारी बढ़ई बन कर उनके महल में घुस गया, और बम विस्फोट कर दिया। ज़ार के अंगरक्षक मारे गये, लेकिन ज़ार बच गये।

1 मार्च, 1881 को ज़ार अलेक्सांद्र पीटर्सबर्ग में एक बग्घी पर अपने महल की ओर बढ़ रहे थे। उसी समय 'पीपल्स विल' के एक क्रान्तिकारी ने उनके ऊपर बम फेंक दिया। ज़ार के अंगरक्षक मारे गये, और ज़ार बच गये। लेकिन, उन्होंने एक ग़लती दुबारा कर दी। वह बग्घी से उतर कर क्रान्तिकारी से बात-चीत करने निकल आये। उसी वक़्त उन पर एक और बम फेंका गया, और उनके दोनों पैर धड़ से अलग हो गये। वह ज़ार जिन्होंने कृषि-दास प्रथा ख़त्म की, क्रान्तिकारियों द्वारा मारे गये। रूस के किसानों को यह लगा कि यह हत्या किसी सामन्त ने की होगी, जो उनकी आज़ादी से चिढ़ा हुआ था। उन्हें क्या मालूम था कि ज़ार की हत्या उनके अधिकारों के लिए ही की गयी है।

ज़ार अलेक्सांद्र द्वितीय की हत्या के बाद अलेक्सांद्र तृतीय (शासनकाल 1881-94) आये, जो उनके ठीक विपरीत थे। वह एक कठोर और बलशाली ज़ार थे।

उनका एक क़िस्सा मशहूर है कि जब ऑस्ट्रिया के राजदूत ने उनको आक्रमण की धमकी दी, तो उन्होंने थाली से चम्मच उठाया और उसे अपने हाथों से ही मरोड़ कर राजदूत की थाली में फेंकते कहा कि तुम्हारे ऑस्ट्रिया का यही हश्र करूँगा। वह अपने पिता की हत्या के पीछे यहूदियों की साजिश मानते थे और उन्हें ख़त्म कर देना चाहते थे। उन्होंने इसके लिए एक रूसी शब्द का प्रयोग किया, जो इतिहास का सबसे बदनाम शब्द बना– पोग्रोम (pogrom)!

यहूदियों पर ठीकरा फोड़ना उन्नीसवीं सदी से (और उस से सदियों पहले भी) एक पैटर्न के रूप में दिखता है। भले ही उनकी प्रत्यक्ष भूमिका न रही हो। मसलन ज़ार अलेक्सांद्र द्वितीय की हत्या में कई षड्यन्त्रकारी शामिल थे, जिसमें सिर्फ़ एक यहूदी था, लेकिन, इल्जाम लगा कि यही यहूदी सारे फ़साद की जड़ है। उसके बाद जो मॉब-लिंचिग शुरू हुई, वह 'पोग्रोम' कहलाया। इससे यह भी सिद्ध होता है कि क्रान्तिकारियों ने रूसी समाज को बहुत अधिक नहीं बदला था। वे अब भी ज़ार की हत्या के लिए पूरे यहूदी समाज को मारने-काटने पर उतारू थे। यानी ऐसे कई लोग थे जो ज़ारशाही के समर्थक थे।

अलेक्सांद्र तृतीय साढ़े छह फुट लम्बे, तगड़े ज़ार थे, जो रूस को पुनः महान बनाने के संकल्प लेकर आये थे। यह 'लेट्स मेक रशिया ग्रेट अगेन' एक ऐसा नारा था, जिसे हमने समकालीन राजनीति में बार-बार सुना है। ख़ास कर दक्षिणपन्थी या राष्ट्रवादी नेता इसका ख़ूब इस्तेमाल करते हैं। ज़ार ने कहा कि रूस को तीन चीज़ों की सख़्त जरूरत है– तानाशाही, ऑर्थोडॉक्स चर्च और राष्ट्रवाद। वह उदारवादी समाज-सुधार को ढकोसला मानते थे, और पूँजीवाद के समर्थक थे। उन्होंने इसके लिए मीडिया का सहयोग लिया।

मिखाइल कातकोव नामक एक राष्ट्रवादी पत्रकार ज्वलन्त लेख लिखने लगे, जिसका थीम यही रहता कि ज़ारशाही के विरोधी देशद्रोही हैं। उनके अख़बार के खरीददार गाँवों में खूब थे, जहाँ परम्परावादी मानसिकता थी, और शहर के पाश्चात्यीकरण को वे पसन्द नहीं करते थे। ज़ार ने एक और काम यह किया कि एक 'सीक्रेट सर्विस' बनायी, जिसका नाम था– 'ओख्राना'। इसका काम था राजनैतिक विद्रोहियों को पकड़ना। इसे भविष्य की केजीबी का प्रोटोटाइप कहा जा सकता है। रूसी गुप्तचर पहले भी रहे थे, लेकिन उनका काम विदेश में जासूसी थी। अपने ही देश की जासूसी नयी चीज़ थी।

इनको गिरफ़्तार कर रखने के लिए उन्होंने दो कारागार बनवाये। एक मॉस्को का लेफोर्टोवो जेल बना, जो भविष्य में अधिक बदनाम हुआ। इसी तरह शिशेलबर्ग द्वीप पर स्थित एक किले को यातना-शिविर में तब्दील किया गया। यह काला पानी की सजा की तरह था।

क्रान्तिकारी संगठन 'पीपल्स विल' अब भी मौजूद था, बम बना रहा था, लेकिन उनका जन-समर्थन घटता जा रहा था। वे देशद्रोही की तरह देखे जाने लगे थे। उन्हीं दिनों रूस में पहले मार्क्सवादी आये, जिन्हें रूसी मार्क्सवाद का पितामह कहा जाता है। उनका नाम था जॉर्जी प्लेखानोव। वह पहले एक भड़काऊ भाषण देने के कारण देश से निकाल दिये गये थे, लेकिन स्विट्ज़रलैण्ड से वह क्रान्तिकारी गतिविधियाँ कर रहे थे।

1887 में सेंट पीटर्सबर्ग विश्वविद्यालय के कुछ विद्यार्थियों को पकड़ा गया। उन पर आरोप था कि वे बम बना कर ज़ार की हत्या की साजिश कर रहे थे। उनमें से चार लड़कों को शीशेलबर्ग द्वीप की जेल ले जाया गया। वहाँ उन्हें एक पेड़ से लटका कर फाँसी दे दी गयी। उनमें से एक जीव-विज्ञान का विद्यार्थी था अलेक्सांद्र उल्यानोव, जिसे उसका छोटा भाई अक्सर चिढ़ाता रहता था कि तुम कीड़े-मकौड़े की पढ़ाई कर क्या क्रान्ति करोगे? जब अलेक्सांद्र को फाँसी दी जा रही थी, उसका छोटा भाई व्लादीमीर उल्यानोव अपनी ज्यामिति की परीक्षा दे रहा था। व्लादिमीर का अधिक लोकप्रिय नाम है- लेनिन!

कार्ल मार्क्स के 'सर्वहारा' (प्रोलिटैरियेट) में मात्र किसान नहीं थे। उनके लेखों का मात्र सामन्तवाद और खेती-बाड़ी से सम्बन्ध नहीं था। मार्क्स के 'दास कैपिटल' में पूँजीवाद की व्याख्या है, सीधा विरोध नहीं। मूलतः उस पुस्तक में किसी भी फैक्ट्री या उद्योग से पूँजी कैसे बनती है, या बननी चाहिए; श्रमिकों के कितने घण्टे काम करने से कितना उत्पादन होता है; एक सूती के कपड़ा बनने में किस तरह के स्किल लगते हैं; उनका वेतन कैसे निर्धारित होता है, इस तरह के प्रश्नों का उत्तर है। आज के यूरोप में जो श्रम क़ानून हैं, या 'कार्य घण्टे' 'वर्किंग हावर' और छुट्टियाँ हैं, उसमें इसी पुस्तक के सिद्धान्तों का प्रयोग है। यहाँ साम्यवादी देश नहीं, बल्कि पूँजीवादी देशों की बात कर रहा हूँ।

मार्क्स के सहयोगी फ्रेडरिक एंजल्स के पिता कपड़ा मिलों के मालिक थे। इंग्लैण्ड में औद्योगिक क्रान्ति के बाद, और ख़ास कर भारत की वजह से, कपड़ा मिल तरक्की पर थे। वहाँ से बने कपड़े पूरी दुनिया में जा रहे थे।

चूँकि वह क्रान्तिकारी मिज़ाज के युवक थे, उनके पिता ने उनको कपड़ा मिल का मैनेजर बना कर भेज दिया कि शायद उनके विचार बदल जायें। वह जब अपनी फैक्ट्री का काम सम्भालने आये, तो उन्होंने हर बात नोट करनी शुरू की। एक कपड़ा बनने में कितना कपास, कितने घण्टे, किस तरह के स्किल और कितने मज़दूर लगते हैं। कपड़े की कीमत का कितना हिस्सा मज़दूरों तक पहुँचता है। उन्होंने उनकी बस्तियों में जाकर देखा कि वे रहते कैसे हैं।

एंजेल्स ने जब मित्र कार्ल मार्क्स को फैक्ट्री की स्थिति बतायी तो ये कॉन्सेप्ट अधिक उभरा कि दुनिया में एक नया वर्ग जन्म ले रहा है। यह वर्ग तमाम उद्योगों के कामगारों का है, जो शोषण का नया माध्यम बन कर उभर सकता है। यह 'वर्किंग क्लास' अगर अपने अधिकारों के लिए एकजुट नहीं हो, तो पूँजीवाद उसका ग्रास करती रहेगी। वह कितना भी पसीना बहा ले, वह लाभ का एक बहुत छोटा हिस्सा ही पा सकेगा। उसमें उसका श्रम-मूल्य भले निहित हो, उसके स्किल और अनुभव को दरकिनार किया जा सकता है। आज यूरोप में ऐसी स्थिति नहीं है, लेकिन उस समय यही हो रहा था।

रूस में नये उद्योग, नये खदान, नये रेलवे-लाइन, नयी सड़कें धड़ल्ले से बन रहीं थीं। उन्नीसवीं सदी में रूस अपने स्वर्ण युग की ओर बढ़ रहा था, जहाँ दिन-रात उत्पादन हो रहा था। अधिकांश उद्योगों के मालिक राजशाही युग के सामन्त नहीं थे, बल्कि कुछ धनी किसान वर्ग के उद्यमी लोग थे। कुछ यहूदी व्यापारी थे, और कुछ कॉलेज से पढ़ कर आये नये अभिजात्य। वे ज़ार से कॉन्ट्रैक्ट लेते और काम करते, अथवा यूरोप में व्यापार करते। रूस के पास असीम संसाधन थे। भाँति-भाँति के अयस्क, हीरे के खदान, हर तरह की फसल, और खाली पड़ी ज़मीन। मज़दूरों की तो खैर कोई कमी नहीं थी। किसान अपने खेतों से उठ कर शहर आ रहे थे, और विदेशों से भी मज़दूर रूस आ रहे थे।

पूरे यूरोप में ही एक नये वर्ग का उदय हो रहा था, जो न सबसे निचली सीढ़ी पर था, न सबसे ऊपर। यह था– मध्य वर्ग। यह घण्टों मेहनत करने वाला वर्ग था। यह पढ़ा-लिखा वर्ग था। यह प्रगतिशील वर्ग था। यह अपने परिवार की चिन्ता करने वाला वर्ग था। यह बचत करने वाला वर्ग था। यह नौकरी जाने से डरने वाला वर्ग था। यह अपने बच्चों में भविष्य देखता था। यह शिक्षा को अपनी ज़रूरत मानता था। एक क्रान्ति के लिए इस वर्ग का जागना ज़रूरी था, लेकिन यह वर्ग बारह घण्टे काम कर घर जाकर अपने परिवार के साथ रहता। क्रान्ति कब करता?

जॉर्ज प्लेखानोव ने मार्क्स के लेखों का रूसी अनुवाद कर उसे सेंट पीटर्सबर्ग भेजना शुरू किया। वह मज़दूरों तक पहुँचने लगा। उन्हें यह महसूस हुआ कि उनसे घण्टों काम कराया जाता है। इतवार के अतिरिक्त छुट्टी नहीं मिलती। रहने के लिए छोटी खोली दी जाती है, जहाँ एक सामूहिक शौचालय है, और सफाई की व्यवस्था नहीं। खाने का समय नहीं दिया जाता, घर जाने की छुट्टी नहीं मिलती, और वेतन कम मिलता है। 1885 की जनवरी में रूस की एक कपड़ा मिल ने एक नयी चीज़ देखी। वहाँ कामगारों ने अचानक एक दिन अपना काम बन्द कर दिया, और अपनी माँग रखने लगे। ऐसा पहले कभी रूस में सुना नहीं गया था। यह रूस की पहली हड़ताल थी!

रूस ने एक और नयी चीज़ देखी। इन हड़तालों में सबसे आगे की पंक्ति में महिलायें थीं, जो सदियों से घरों में गौण रहीं थीं। उस समय ज़ार को या पूँजीपतियों को इन महिलाओं में कुछ भले न दिखा हो, लेकिन एक सत्य यह है कि भविष्य में जो ज़मीनी क्रान्ति हुई उसमें लेनिन नहीं थे। वह तो उस वक़्त रूस में ही नहीं थे।

ज़मीन पर रूस की क्रान्ति महिलाओं ने शुरू की, महिलायें अगली पंक्ति से लड़ीं, और महिलायें जीतीं।

लेनिन

लेनिन जितने क्रान्तिकारी मिज़ाज के थे, उतने ही ठण्डे दिमाग के भी थे। वह स्कूल के दिनों से ही शतरंज के उस्ताद खिलाड़ी थे। जब उनके भाई को फाँसी हुई, वह ज़ार को गोली मारने नहीं निकल पड़े, बल्कि अपनी परीक्षा पूरी की। टॉप कर गोल्ड-मैडल जीता। उन्होंने मार्क्स से प्लेखानोव तक को पढ़ा, कहीं किसी बम बनाने वाले संगठन से नहीं जुड़े। उन से ज़ार को कम से कम उस वक्त कोई ख़तरा नहीं था, लेकिन इतिहास गवाह है कि उन्होंने फ़िल्मी अन्दाज़ में बदला लिया। ज़ारशाही का न सिर्फ़ अन्त किया, बल्कि ज़ार परिवार की सामूहिक हत्या भी की गयी। यह बदला उन्होंने पूरे तीन दशक बाद लिया, एक-एक चाल दिमाग से चल कर।

उनका मशहूर वाक्य है,

'कुछ दशक ऐसे होते हैं, जिसमें कुछ नहीं होता। कुछ हफ़्ते ऐसे होते हैं, जिनमें वह हो जाता है जो दशकों में नहीं हुआ होता'

लेनिन एक कल्ट बने। अच्छे रूप में भी, बुरे रूप में भी। जहाँ एक तरफ़ भारतीय क्रान्तिकारी भगत सिंह अपनी फाँसी के समय उनकी किताब पढ़ रहे थे, लेनिन-वादियों के विकृत हिंसक रूप भी समकालीन इतिहास ने देखे हैं।

क्या आज रूस लेनिन को भुला चुका है? क्या भुलाना मुमकिन है? आज भी मास्को के रेड स्क्वायर पर लेनिन की कब्र पर सैकड़ों की भीड़ उमड़ती है। स्टालिन की निन्दा होती है, उनकी मूर्तियों को इज़्ज़त नहीं मिलती, लेकिन लेनिन की 'जीनियस' छवि उनके निंदकों में भी है। यह 'टॉप टू बॉटम' तक है। मसलन वर्तमान राष्ट्रपति व्लादिमीर पूतिन के दादा सिरीदोन क्रान्ति के दिनों में लेनिन के निजी रसोइये थे। क्रान्तिकारी और माफ़िया समुदायों में रसोइया एक निम्न व्यक्ति नहीं, बल्कि सबसे विश्वासपात्र व्यक्ति होता है।

मुमकिन है कि पूतिन अपने चलने के अन्दाज़ से लेकर अपनी नीतियों में लेनिन की 'कोल्ड-ब्लडेड' चालें अपनाते हों।

अपने अनुयायियों की तरह लेनिन ने कभी किसी फौजी जनरल की वेश-भूषा नहीं अपनायी। वह एक सौम्य व्यक्तित्व थे, लेकिन उनके दिमाग में जो पूरी प्लानिंग चल रही होती, वह सौम्य नहीं होती। वह प्रैक्टिकल रास्ता चुनने वाले व्यक्ति थे, जिसमें साम-दाम-दण्ड-भेद सभी शामिल थे। कार्ल मार्क्स के सिद्धान्तों के विषय में भी उन्होंने कहा, 'किसी भी क्रान्ति के लिए सिद्धान्तों का होना ज़रूरी है, लेकिन यह ध्यान रहे कि वे सिर्फ सिद्धान्त हैं, ईश्वर का लिखा पत्र नहीं'

मैं लेनिन के व्यक्तित्व को समझने के लिए एक बार उनकी प्रकृति पर लिखे नोट्स पढ़ रहा था। मुझे यकीन नहीं हुआ कि एक हिंसक क्रान्तिकारी छवि का यह व्यक्ति सैकड़ों पौधों के नाम जानता है। पहाड़ों और वादियों में घूमते हुए रुक कर एक-एक फूल को करीब से देखता है। कुछ पीछे लौटने पर दिखता है कि लगभग एक ही साथ लेनिन के पिता की मृत्यु और भाई को फाँसी हुई थी। कुछ ही दिन बाद विश्वविद्यालय से उन्हें गिरफ़्तार किया गया कि वह एक विरोध प्रदर्शन में शामिल थे, लेकिन वहाँ भी वह कोई नेता नहीं थे। वह सिर्फ़ उस भीड़ में मौजूद थे, और क्रान्तिकारी के भाई होने की वजह से पकड़ लिए गये।

उन्होंने पुनः विश्वविद्यालय में अर्जी दी कि वह आगे पढ़ना चाहते हैं, लेकिन गृह मन्त्रालय उन्हें एक ख़तरा मानती थी। उनकी माँ चाहती थी कि लेनिन क्रान्ति की दुनिया से दूर रहें और लेनिन भी उनकी बातें मान रहे थे। एक बार वह तनाव के दिनों में लगातार सिगरेट पीये जा रहे थे, तो उनकी माँ ने डाँट कर कहा, 'तुम कुछ कमा तो रहे नहीं, ये सभी सिगरेट मेरे पैसों की उड़ा रहे हो'

लेनिन ने वह सिगरेट बुझाया, और जीवन में कभी सिगरेट न पीने का निर्णय लिया। बल्कि, उन्होंने यह नियम बना लिया कि उनका कोई भी साथी कभी उनके सामने सिगरेट नहीं पीयेगा।

उन्हीं की उम्र के एक और व्यक्ति उनके ठीक विपरीत थे। उनकी नाक से हमेशा धुआँ निकलता रहता और वह शराब में धुत्त रहते। जिस समय लेनिन अपने फार्म में उपन्यास 'क्या करना चाहिए' पढ़ रहे थे, उस समय वह व्यक्ति ऐसी हरकतें कर रहे थे जो क़तई नहीं करनी चाहिए। अगर लेनिन कल्ट फ़िगर बने, तो वह भी उतने ही कल्ट बने। रूस की कहानी अगर

व्लादिमीर लेनिन के बिना पूरी नहीं हो सकती, तो ग्रेगरी रासपूतिन के बिना भी पूरी नहीं हो सकती।

यह कहानी शुरू साइबेरिया से की थी, लेकिन रूस की इतिहास-यात्रा करते हुए अब जाकर साइबेरिया लौट सका हूँ। गाहे-बगाहे यह ज़िक्र किया कि साइबेरिया कुछ राजनैतिक क़ैदी भेजे गये। रूस के इस सबसे बड़े हिस्से की यही अहमियत थी, तो मैं और क्या लिखता? यहाँ कोई भी कुलीन रूसी रहना नहीं चाहता, और यह कई मामलों में एक बोझ ही था। अलास्का को तो ज़ार अलेक्सांद्र द्वितीय ने अमेरिका को महज सात मिलियन डॉलर में बेच दिया। अगर वर्तमान समय के हिसाब से मूल्य सवा सौ मिलियन डॉलर भी मानें तो उतने में आइपीएल की एक टीम आती है।

साइबेरिया एक गरीब इलाका था, जहाँ धीरे-धीरे कुछ किसान आकर बस गये थे। कई लोगों ने न मॉस्को देखा था, न सेंट पीटर्सबर्ग। वे रूस में चल रही हलचल से बेख़बर थे। कौन ज़ार आया, कौन गया, उन्हें कोई मतलब नहीं। ज़ार अलेक्सांद्र तृतीय ने जब साइबेरिया में रेलवे-लाइन बिछानी शुरू की, तो उन्हें एहसास हुआ कि उनके देश में इस तरह की भारी-भरकम मशीनें भी हैं। या शायद यह एहसास हुआ कि ये उनका देश भी है।

वे मध्ययुगीन या उससे भी पुरानी दुनिया में थे। वे अब भी भूत-प्रेत, तन्त्र-मन्त्र और चमत्कारी बाबाओं में विश्वास करते थे। यह बात शायद अब अजीब लगे, लेकिन यूरोप में उन्नीसवीं सदी तक ऐसे लोग थे जो किसी पहाड़ पर बने जादुई मठ तक मीलों चल कर जाते थे। उस मठ का कोई बनावटी इतिहास होता। जैसे साइबेरिया के अबालक स्थान पर एक पहाड़ी थी, जहाँ वर्जिन मैरी की कोई अवतार रहा करती थी। वहाँ दूर-दूर से मत्था टेकने लोग आते, और मन्नत माँगते। कोई बेटे की गुजारिश करता, कोई कर्ज से उबरने की, कोई रोग से मुक्ति की। इसी तरह साइबेरिया से तीर्थयात्रा पर कोई रूस तो कोई इस्ताम्बुल तक भी चल कर जाता, और लौट कर कहानियाँ सुनाता।

ग्रेगरी रासपूतिन अपनी आधे से अधिक ज़िन्दगी क्या कर रहे थे, यह कोई पक्के तौर से नहीं जानता। उनके जीवनीकार डगलस स्मिथ पूरे साइबेरिया में झख मार कर कुछ ख़ास हासिल नहीं कर सके। कम्युनिस्ट रूस में रासपूतिन के बचपन के विषय में अजीबोग़रीब किस्से चले। वह किसी भी हद तक गये। जैसे एक किस्सा है कि जब रासपूतिन का जन्म हो रहा था, तो उनके अति-कामुक पिता उसी वक्त रति-क्रिया करना चाहते थे।

हद तो यह कि इस बात की गवाही देने के लिए भी लोग आ गये कि हाँ! ऐसा होते हुए उन्होंने देखा था![1]

एक क़िस्सा है कि ग्रेगरी गाँव के एक शराबी और लड़कीबाज व्यक्ति थे, जिनके शरीर से इतनी दुर्गन्ध आती कि कोई पुरुष आस-पास भी नहीं फटकता, लेकिन, लड़कियाँ उनके फक्कड़पन से आकर्षित रहती। अबालक के मठ के आस-पास भटकते हुए एक दिन उन्हें प्रस्कोया नामक युवती मिली, जो उनकी जीवन-संगिनी बन गयी। यह हिस्सा कई स्रोतों से सत्यापित है कि वह एक ऐसी पत्नी बनी, जो उनके बच्चों को पालती रही, और ग्रेगरी उनसे सम्पर्क में रह कर खर्चा-पानी भेजते रहे।

सबसे लोकप्रिय किस्सा यह है कि उन्होंने गाँव में किसी का घोड़ा चुरा लिया। जब पकड़े गये, तो गाँव वाले उन्हें मारने आ गये। उन्होंने यह स्वीकारा कि परिवार के पोषण के लिए घोड़ा चुराना आवश्यक था। उन्होंने ग्राम के मुखिया से विनती की, 'मुझे आप यह सजा दीजिये कि मैं गाँव छोड़ कर तीर्थयात्रा पर चला जाऊँ और ईश्वर से अपने पापों का प्रायश्चित माँगूँ'

यह क़िस्सा सच हो या न हो, यह रासपूतिन के जीवन का थीम बना। इसके अनुसार मनुष्य के लिए मुक्ति का सर्वश्रेष्ठ मार्ग है– प्रायश्चित, और प्रायश्चित के लिए नियमित पाप करना आवश्यक है।

रासपूतिन जंगलों और पर्वतों से गुज़रते हुए, एक मठ से दूसरे मठ भटकते रहे। उन्होंने इन मठों में बाइबल कण्ठस्थ किया, लेकिन वहाँ के अनुशासन उन्हें रास नहीं आये। अन्ततः उनका एक तरह के नव-ईसाई तान्त्रिक कल्ट से परिचय हुआ, जहाँ मदिरा, मैथुन, माँस के माध्यम से ईश्वर प्राप्ति का मार्ग था। ऐसी परम्परायें स्केंडिनेविया से साइबेरिया तक लोकप्रिय रही हैं। आइसलैण्ड में मुझे प्रत्यक्ष दस्तावेज और वर्णन मिले, जो मैंने भूतों के देश में' पुस्तक में लिखे हैं। यह भारत की पंच'म'कार (मद्य, मांस, मुद्रा, मत्स्य, मैथुन) वाममार्गी एवम् कौलिक तान्त्रिक परम्पराओं और बौद्ध हीनयान तान्त्रिक परम्पराओं से भी साम्य रखती है।

जब रासपूतिन तन्त्र-मन्त्र की दुनिया में चक्कर लगाने निकले, उस दौरान 1894 में ज़ार अलेक्सांद्र तृतीय की मृत्यु हो गयी। युवराज निकोलस इंग्लैण्ड की महारानी विक्टोरिया की सबसे प्रिय नातिन अलेक्ज़ाड्रा से सगाई कर रूस लौटे थे। ज़ारीना अलेक्जांड्रा और ज़ार निकोलस को विवाह के तोहफ़े में जिस रूस की गद्दी मिली, वह बारूद का ढेर थी। उनके बाद कभी कोई ज़ार उस गद्दी पर नहीं बैठ सका।

बुद्धिजीवी समाज चाहे कुछ भी सोचे, जनता ज़ार में उस वक्त भी भगवान ही देखती थी। वे अपनी रूसी परम्परा, अपने ईसाई धर्म के प्रति निष्ठावान थे। रूसी बुद्धिजीवी वर्ग में भी धर्म का प्रबल प्रभाव था। रूसी लेखक दोस्तोवस्की पादरी परिवार से थे, और ऑर्थोडॉक्स ईसाईयत में उनकी अगाध श्रद्धा थी। उनकी रचनाओं को धर्म से अलग कर नहीं देखा जा सकता। वहीं लिओ टॉलस्टॉय ईसाई धर्म की एक अलग ही परिभाषा रच रहे थे, जहाँ संन्यास और मोक्ष जैसे कॉन्सेप्ट ला रहे थे। मैक्सिम गोर्की को छोड़ दिया जाये, तो रूस के सम्पूर्ण इतिहास में दस पक्के मार्क्सवादी साहित्यकार गिनाने कठिन होंगे। इससे कहीं अधिक तो अमेरिका या भारत में मिल जायेंगे।

जब ज़ार निकोलस (शासनकाल 1894-1917) की ताज़पोशी हो रही थी, उस समय कहीं किसी क्रान्ति की सुगबुगाहट नहीं थी। इस बात का अन्दाज़ा उस उत्सव की भीड़ से लगाया जा सकता है। गाँव-गाँव से उठ कर लोग नये राजा-रानी को देखने आये थे। हमेशा की तरह जनता के लिए कुछ नाश्ता 'ब्रेड और माँस रोल' और शराब के इन्तज़ाम थे। यह सारा इन्तज़ाम गवर्नर जनरल सर्गेई देख रहे थे, जो रिश्ते में ज़ार निकोलस के साढ़ू भाई भी थे। उनकी पत्नी ज़ारीना (महारानी) की सगी बड़ी बहन थी।

सर्गेई के लिए यह जनता कीड़े-मकौड़ों जैसी थी, जिनको जूतों तले रौंदना वह अपना अधिकार समझते थे। लाखों की भीड़ पंक्तिबद्ध अपने-अपने ब्रेड रोल और बीयर का इन्तज़ार कर रही थी, कि वहाँ अफ़वाह फैल गयी खाना कम पड़ गया है। सर्गेई ने खाना और शराब कम ही मँगवाये थे, तो कम पड़ना ही था। यहाँ रूस के सर्वहारा गरीबी का सत्य सामने दिखा, जब लोग एक अदना नाश्ते के पैकेट के लिए लड़ने लग गये। भगदड़ मच गयी, और एक हज़ार से अधिक लोग मर गये।

ज़ार निकोलस को जब ख़बर हुई, तो उन्होंने एक दफ़े सोचा कि कार्यक्रम स्थगित कर दिया जाये। लेकिन, सर्गेई ने समझाया कि ये मामूली घटना है, इसे अधिक तवज़्ज़ो न दें। ज़ार जब जनता के मध्य आये, तो उन लाशों को किनारे कर ढेर लगा दिया गया या छुपा दिया गया। कुछ हाथ जो ज़ार की बग्घी को सलाम कर रहे थे, उन्हें जब करीब से देखा तो वे मृत व्यक्तियों के हाथ थे। उसी रात फ्रैंच दूतावास में पार्टी थी, और वहाँ ज़ार निकोलस शराब पीते हुए संगीत-नृत्य का आनन्द ले रहे थे। यह उनके मन्त्रियों और अन्य कुलीनों को भी अश्लील लग रहा था कि एक राजा अपनी प्रजा की मौत का अफ़सोस भी नहीं जता रहा। कम से कम बाहर उनसे मिल कर

सहानुभूति तो व्यक्त कर सकते थे? वह अपनी सत्ता के नशे में इतने चूर आखिर कैसे हो सकते थे?

जब मन्त्रियों की सभा आयोजित हुई, तो वहाँ कुछ उम्मीद थी कि ज़ार प्रजातन्त्र का एक खाका बनायेंगे, लेकिन ज़ार निकोलस द्वितीय ने घोषणा की, 'रूस एक महान देश है, जिसका कारण है यहाँ की राजशाही। मैं, ज़ार निकोलस द्वितीय, यह घोषणा करता हूँ कि सत्ता का पूर्ण नियन्त्रण मेरे हाथ में रहेगा। मैं राष्ट्र और धर्म की नींव पर इस देश को विकास के पथ पर ले जाऊँगा।'

इसका अर्थ था कि निरंकुश ज़ारशाही कायम रहेगी।

मैं ज़ार निकोलस की तस्वीर को ग़ौर से देख रहा था। वह ब्रिटिश राजा जॉर्ज पंचम के कुम्भ के बिछड़े भाई लगते हैं। न सिर्फ़ चेहरा, बल्कि मूँछ-दाढ़ी भी एक जैसी। इसके पीछे एक स्पष्ट कारण है। जर्मनी के केज़र 'राजा' विल्हेल्म, इंग्लैण्ड के युवराज जॉर्ज पंचम और रूस के ज़ार निकोलस, तीनों ही आपस में मौसेरे-फुफेरे भाई थे। महारानियों के भी आपसी सम्बन्ध थे। अगर ये तीनों भाई मिल जाते तो वे अजेय हो जाते और सम्भवतः पूरे यूरोप पर राज करते। लेकिन, इन भाइयों के मध्य तो ऐसा भीषण युद्ध हुआ, जिसकी लपटों से सिर्फ़ एक भाई ही सही-सलामत बच पाये।

आख़िर वह कोई साधारण युद्ध नहीं था, वह पहला विश्व-युद्ध था!

विश्व-युद्ध और रूस की क्रान्ति से पहले रूस में कुछ अजीबोग़रीब घट रहा था। ज़ार निकोलस और उनकी जर्मन पत्नी ज़ारीना अलेक्जेंड्रा सम्भवतः इस गद्दी के लिए बने ही नहीं थे। वे कहीं किसी सुदूर रोमांटिक स्थान पर अपना घर बसा कर रहते, तो अधिक सुखी रहते। वे यूरोप के पहले शाही जोड़े थे, जिनका एक कमरा था। यह बात वर्तमान काल में अटपटी लग सकती है, लेकिन शाही परिवारों या रईस कुलीनों में पति-पत्नी का भिन्न शयन-कक्ष भारत में भी रहा है। बैडरूम कॉन्सेप्ट तो मध्य-वर्ग के उदय के साथ आया, और इसलिए ज़ार निकोलस के इस व्यवहार को इतिहास में दर्ज किया गया।

वे दोनों अव्वल दर्जे के अंधविश्वासी थे। उनकी गद्दी पर बैठने के कुछ ही वर्षों बाद एक फ्रैंच तान्त्रिक फिलिप का साया उन पर पड़ा। वह किसी तन्त्र-विद्या से उनके मृत पिता अलेक्सांद्र तृतीय को बुलाते थे, और वह ज़ार निकोलस को गाइड करते थे कि राज कैसे चलाना है। भला रूस जैसी महाशक्ति का शासक अगर इतना बेवकूफ़ हो, तो प्रजा क्रान्ति क्यों न करे? मैं यह बातें रूसी कम्युनिस्टों के लिखे ज़ार-विरोधी इतिहास से नहीं कह रहा,

फिलिप पर दस्तावेज़-ही-दस्तावेज़ हैं। ऐसा माना जाता था कि वही नेपथ्य से राज चला रहे थे, और कुछ उन्हें विदेशी एजेंट मानते थे।

तान्त्रिकों का शासकों का प्रभाव भारत में भी थोड़ा-बहुत रहा है। धीरेन्द्र ब्रह्मचारी से चन्द्रास्वामी तक उदाहरण रहे हैं, लेकिन, ज़ार निकोलस के समय एक के बाद एक तान्त्रिक आते गये और कहीं न कहीं उनके पतन का कारण बने। जब तान्त्रिक फ़िलिप पर ज़ारीना से नाजायज सम्बन्धों की ख़बरें चलने लगी, तो उन्हें महल छोड़ कर जाना पड़ा। उस समय तक ज़ार को बेटियाँ ही हुई थी, और उन्हें एक युवराज चाहिए था।

फ़िलिप ने जाते हुए भविष्यवाणी की, 'तुम संन्यासी सन्त सराफीम के शरण में जाओगे। वहीं तुम्हें बेटा दिलायेंगे।'

शायद यह बातें किसी मध्ययुगीन दंत-कथा की तरह लग रही होगी। ज़ार ने सन्त सराफीम को उनके संन्यासी जीवन से निकाल कर राजधानी बुलाया। एक बड़ा उत्सव आयोजित किया जिसमें तीन लाख रूसी शामिल हुए। इससे पुनः सिद्ध होता है कि भाँग सिर्फ ज़ार निकोलस ने नहीं पी थी, बल्कि पूरे कुएँ में ही भाँग थी। रूसी पूरे श्रद्धा-भाव से उत्सव में पहुँचे थे कि सन्त उन्हें एक युवराज का वरदान देने वाले हैं। ज़ार और ज़ारीना सन्त के आदेशानुसार सरावो नदी में उतर कर पुत्र-कामना करने लगे। अंधविश्वास चरम पर था, किन्तु भविष्यवाणी सत्य हुई।

इस उत्सव के बाद ही 1904 में ज़ारीना गर्भवती हुई, और उन्होंने पुत्र को जन्म दिया। उसका नाम अलैक्सी रखा गया, जो पैदा होते ही अगला ज़ार नियुक्त कर दिया गया। कुछ ही महीनों बाद उन्होंने देखा कि इस शिशु को एक विचित्र बीमारी है। कभी उसकी नाभि से रक्त बहने लगता, कभी हल्की-सी चोट से ही खून जमा हो जाता। यह हीमोफिलिया बीमारी थी, जो महारानी विक्टोरिया के रास्ते उनके कई बेटे-पोतों तक पसरा, जिनमें अधिकतर जल्दी मर गये। इस आनुवंशिक बीमारी की सम्भावना तब अधिक बढ़ जाती है, जब विवाह निकट परिवार में हो। महारानी को यह बताया गया था कि आप अपनी बेटियों का विवाह शाही परिवार में न करें, लेकिन यह उनकी शान के ख़िलाफ़ था।

हाल्डेन नामक वैज्ञानिक ने लिखा है, *'शाही परिवार में पसरता हीमोफिलिया रोग उनके द्वारा विज्ञान को नकारने का ही परिणाम था।'*[2]

इस रोग का इलाज उस समय चिकित्सा-शास्त्र में नहीं था। बालक अलैक्सी दर्द से कराह रहा होता। तभी किसी मन्त्री ने ज़ार को बताया,

'ग्रेगरी रासपूतिन नामक एक साइबेरिया का सन्त है, जो कज़ान से होते हुए अब यहाँ राजधानी आया है। सुना है, उसके पास जादुई शक्तियाँ है।'

जब पहली बार यह लम्बे बालों और पथरीली आँखों वाला शख़्स बालक अलैक्सी के पास आया तो उसने बस इतना कहा, 'मैं तुम्हारे सभी दर्द हर रहा हूँ। अब तुम इस दर्द से मुक्त हो रहे हो।'

और जादू! बच्चा चुप हो गया। इस तरह के संस्मरण हैं कि फ़ोन पर रासपूतिन की आवाज़ सुन कर भी बच्चा दर्द से मुक्त हो जाता था। मेरे लिए तो ऐसी अवैज्ञानिक बातों को मान पाना कठिन है। मैं इन वू-डू और तन्त्र-मन्त्र से निकल कर अब ज़मीन पर आता हूँ।

उस वक्त दुनिया में एक ऐसी शक्ति का उदय हो रहा था, जो दिखने में भले छोटी थी मगर घाव गम्भीर करती थी। वह इकलौती एशियाई शक्ति थी, जिसने दोनों विश्व-युद्धों में पूरे दम-खम से भाग लिया। 1905 में ज़ार निकोलस की रूस को साइबेरिया तट पर उनसे कड़ी शिकस्त मिली। छोटे-छोटे द्वीपों से बना वह देश 'जापान' अब प्रशान्त महासागर से चीन तक अपना झण्डा गाड़ चुका था। अपनी हार के बाद पोर्ट्समाउथ में सन्धि-पत्र पर हस्ताक्षर करते हुए ज़ार निकोलस शर्म से गड़ गये। जब वह राजधानी लौटे तो रूस में क्रान्ति की पहली चिंगारी भड़क उठी थी।

जन-क्रान्ति की सबसे बड़ी समस्या है कि जितने लोग, उतनी बातें। उस समय ऐसा कोई मॉडल नहीं था कि क्रान्ति कैसे की जाये। अगर फ्रांसीसी क्रान्ति को मॉडल मानें, तो क्रान्ति के बाद फ्रांस की दुर्गति हो गयी थी। आख़िर, नेपोलियनी तानाशाही ने ही कुछ निजात दिलायी। 1848 में यूरोप में समाजवादी क्रान्तियाँ बुरी तरह असफल रहीं। लोग क्रान्ति करें कैसे? एक सहमति कैसे बने?

अगर कोई कहता है कि लेनिन ने पूरे रूस को जागृत कर ज़ारशाही का अन्त किया, तो यह मिथ्या है। बल्कि, मुझ से अगर खुल कर पूछा जाये तो इसे सर्वहारा आन्दोलन भी नहीं कहूँगा। यह और बात है कि मैंने कभी इतिहास या समाजशास्त्र की पारम्परिक पढ़ाई नहीं की। दुनियावी समझ जो सबमें होती है, वही होगी। ख़ैर, जब बात कह दी है तो तर्क भी रखने होंगे।

मैंने चर्चा की है कि लेनिन से पहले भी किसानों को एकजुट करने के प्रयास और क्रान्तिकारी घटनाएँ हो रही थीं। पोलैण्ड और रूस में विद्रोही घटनाएँ हो रही थीं। यहाँ तक कि ज़ार पर भी हमले हुए और हत्या की गयी।

उनकी अपेक्षा लेनिन की क्रान्ति तो अहिंसक ही कही जायेगी, भले ही उसकी वर्तमान छवि हिंसक बना दी गयी।

लेनिन का प्रथम लक्ष्य किसानों या सर्वहारा को एकजुट कर क्रान्ति करना था ही नहीं। यह उनके अनुसार एक असाध्य लक्ष्य था कि रूस के निरक्षर किसानों को भड़का कर कोई गुरिल्ला क्रान्ति की जाये। किसानों को वर्ग-संघर्ष समझाते-समझाते ज़िन्दगी निकल जाती। उनका पहला लक्ष्य ज़ारशाही का अन्त था, जिसके लिए किसान-क्रान्ति मुफ़ीद नहीं लग रही थी। वह दूसरे वर्ग में अधिक सम्भावना देखते थे, जो अधिक पढ़ी-लिखी थी, शहरों में बसती थी, और जिनके हाथ में अर्थव्यवस्था की चाभी थी। वे अगर एकजुट हो जाते, तो ज़ार घुटनों पर आ सकते थे। नोट किया जाये यह किसान वर्ग नहीं, फैक्ट्री मज़दूर वर्ग था। यह क्रान्ति भी खेतिहर किसानों की नहीं, उन मज़दूरों की थी।

यह वर्ग शोषित था, लेकिन यह सबसे निचले पायदान पर नहीं था। आज की दुनिया में जो सोशल मीडिया पर बहुतायत में मिलते हैं, उनमें अधिकांश इसी वर्ग का प्रतिनिधित्व करते हैं। 'शब्दों का सफर' पुस्तक में अजित वडनेरकर इस 'बुर्जुआ' शब्द 'फ्रैंच शब्द 'bourgeoisie' की उत्पत्ति 'बुर्ज' से जोड़ कर बताते हैं, जिसका अर्थ है मीनार। यह नगर में बसने वाले 'नागरिकों' का वर्ग था, गाँव में बसने वाले ग्रामीणों का नहीं। कालान्तर में कुछ लोग बुर्जुआ का प्रयोग एक ऐसे अभिजात्य वर्ग के लिए भी करने लगे जो पूँजीवाद की समर्थक है अथवा आश्रित है। कालान्तर में तो नागरिक शब्द भी ऐसे लोगों के लिए प्रयोग होने लगा जिसने कभी नगर का मुँह नहीं देखा होगा।

रूस में जो लोग वाकई सर्वहारा क्रान्ति चाहते थे और गाँवों में किसानों को जागृत कर रहे थे, वे कहलाये 'सोशलिस्ट डेमोक्रैट'। उन्होंने नियमित हिंसक गतिविधियाँ कीं, ज़ारशाही के उच्च पदाधिकारियों की हत्याएँ कीं। लेकिन, उनके लोग या तो पकड़ कर साइबेरिया भेजे जा रहे थे, या मारे जा रहे थे। दूसरा समूह उदारवादी बुद्धिजीवियों का था, जो पढ़े-लिखे एलीट लोगों और प्रोफ़ेसरानों का वर्ग था। वे कहलाये 'लिबरल्स'। मीडिया में सबसे पॉपुलर वही थे, उनके मीटिंग की ख़बर अख़बारों में छपती। वे संवाद से एक लोकतान्त्रिक हल ढूँढ़ रहे थे। उनकी तुलना ब्रिटिश भारत के इंडियन नैशनल कांग्रेस से की जा सकती है, हालाँकि वे भारत की तरह संगठित नहीं थे। तीसरा समूह था मार्क्सवादियों का, लेकिन, इनमें भी एकजुटता नहीं थी।

30 जुलाई, 1903 को ब्रूसेल्स की एक आटा मिल में ये लोग रूस के पहले मार्क्सवादी जॉर्ज प्लेखानोव की अध्यक्षता में एकत्रित हुए। वहाँ से ये लन्दन पहुँचे, और वहाँ बड़े ही बेतरतीब तरीके से साथ-साथ मछली मारते हुए इनकी वार्तायें हुईं। वहाँ लेनिन के अलावा दो कद्दावर यहूदी मार्क्सवादी मौजूद थे- मार्तोव और त्रोत्सकी। ऐसा कोई हू-ब-हू ट्रांसक्रिप्ट तो नहीं, मगर चर्चा कुछ इस तरह हुई-

मार्तोव ने कहा, 'हमें एक बड़ा संगठन बनाना होगा। पूरे देश से लोगों को जोड़ना होगा'

लेनिन ने कहा, 'इसमें काफ़ी वक़्त लगेगा, धन लगेगा और ख़ामख़ा कई लोग पकड़े जायेंगे। हमें प्रोफ़ेशनल लोग चाहिए, जो अंडरग्राउंड रह कर ऑपरेट करें। जैसा कहा जाये, वैसा करें।'

त्रोत्सकी ने बीच में टोक कर कहा, 'जैसा बोला जाये, वैसा करें? कोई तानाशाही है क्या?'

'हमारे पास और कोई रास्ता नहीं है'

उसके बाद ये तीन तिलंगे कार्ल मार्क्स की समाधि पर पहुँचे, जैसे पूछ रहे हों, 'अब आप ही कोई रास्ता बतायें'।

अक्टूबर में जेनेवा में ये फिर से मिले, और इस बार इनकी सामूहिक पत्रिका 'इस्क्रा' को लेकर विवाद छिड़ गया। वहाँ वरिष्ठ नेता प्लेखानोव भी मौजूद थे।

मार्तोव ने कहा, 'लेनिन मुझ से कह रहा था कि अगर मैं और तुम मिल जायें, तो इस बुड्ढे प्लेखानोव को किनारे कर देंगे। वह कुछ नहीं कर पायेगा'

प्लेखानोव ने लेनिन की तरफ़ गुस्से से देखा। लेनिन डेस्क पर मुक्का मारते हुए खड़े हुए और बिना कुछ कहे कमरे से निकल गये। यह मार्क्सवादी समूह विभाजित हो गया। लेनिन अपने समूह को गरम दल, और दूसरे समूह को नरम दल मानते थे। इतिहास में मार्तोव-त्रोत्सकी का यह आरम्भिक समूह कहलाया 'मेन्शेविक' यानी अल्पमत। लेनिन भले ही किसी बड़ी बहुमत में नहीं थे, लेकिन उनका समूह कहलाया 'बोल्शेविक' (बहुमत)।[3]

1905 में मेन्शेविक अपनी पहली क्रान्ति की तैयारी कर रहे थे।

अगर मार्क्सवादी क्रान्ति की योजना बना रहे थे, तो पुलिस भी अपनी चालें चल रही थी। एक फूलप्रूफ तरकीब थी, जिसका प्रयोग दुनिया में आगे भी हुआ। अगर मज़दूरों का संगठन सरकार ही बना कर दे दे? वहाँ अपना ही यूनियन लीडर बिठा दे?

एक पादरी फ़ादर गैपन को सेंट पीट्सबर्ग के मज़दूरों का लीडर बना दिया गया। वह मज़दूरों में ज़ार और चर्च के प्रति श्रद्धा का इंजेक्शन देने लगे। अब अगर कोई मार्क्सवादी उन्हें भटकाने का प्रयास करता, तो फ़ादर गैपन उन्हें रास्ते पर ले आते। आख़िर धर्मगुरु की वाकपटुता और विश्वास का मुक़ाबला भला एक अंडरग्राउंड क्रान्तिकारी क्या कर पाता? लेकिन, बाइबल हाथ में लेकर घूमने वाले और नागरिकों को नैतिकता का पाठ पढ़ाने वाले धर्मगुरु आखिर अपनी आँखें कैसे बन्द रखते? मज़दूरों का शोषण तो स्पष्ट था, और स्थिति बद से बदतर हो रही थी। जनवरी, 1905 को एक पुतिलोव नामक फ़ैक्ट्री में हड़ताल हुई। मज़दूर फ़ादर गैपन के पास मदद माँगने पहुँचे।

उन्होंने समझाया, 'हम अपनी अर्जी सीधे ज़ार के पास लेकर जाते हैं। वह हमारे साथ अवश्य न्याय करेंगे।'

फ़ादर को यह यकीन था कि ज़ार उन्हें देख कर उनका स्वागत करेंगे, और थोड़ा-बहुत आश्वासन देकर मामला सैटल कर देंगे। 9 जनवरी को रूस की उस बर्फ़ीली ठण्ड में मज़दूरों का जत्था 'विंटर पैलेस' की ओर बढ़ने लगा। स्वयं फ़ादर आगे चलते हुए नेतृत्व कर रहे थे, और पीछे सैकड़ों मज़दूर चले आ रहे थे। उनकी अर्जी थी–

'महामहीम! हम मज़दूर, हमारी पत्नियाँ, हमारे बच्चे, हमारे बूढ़े माता-पिता आपकी शरण में न्याय के लिए आये हैं। हम सभी गरीबी और शोषण से जूझ रहे हैं। हमें गुलाम बना कर हमारे साथ अमानवीय व्यवहार होता है। अब स्थिति यह है कि हम इस जिल्लत और भूखमरी की ज़िन्दगी से बेहतर मर जाना पसन्द करेंगे'

जैसे-जैसे मज़दूर राजमहल को ओर बढ़ने लगे, महल के चारों ओर सुरक्षा-चक्र बनाया जाने लगा। रूस में एक वफ़ादार खानदानी योद्धा-वर्ग है– 'कोसैक'। इसे भारत के राजपूत, सिक्ख, गुरखा समुदायों या जापानी समुराई की तरह देखा जा सकता है। उन कोसैक को देख कर एक बार मज़दूरों की भीड़ ठिठक गयी, लेकिन फ़ादर ने समझाया कि घबराने की बात नहीं। जैसे ही मज़दूर महल से दो सौ गज दूर पहुँचे, अन्धाधुन्ध गोलियाँ चलनी शुरू हो गयी और लाशें गिरने लगी। लेखक मैक्सिम गोर्की जो उस भीड़ में मौजूद थे, वह इस 'ब्लडी संडे' का हृदय-विदारक चित्रण करते हैं। सफ़ेद बर्फ़ की चादर रक्त से लाल हो गयी, और यह लाल रंग ही ज़ार के अन्त का कारण बना। आख़िर ज़ार या उनके मन्त्री दो मिनट मज़दूरों से बात कर लेते, तो क्या हो जाता?

उस दिन सौ से अधिक लाशें गिरी, और जनता में ज़ार के प्रति आक्रोश फैल गया। जापान से चल रहे युद्ध में एक रूसी जहाज़ पर विद्रोह हो गया। पोलैण्ड से साइबेरिया तक कारख़ानों में हड़ताल होने लगे। सेंट पीटर्सबर्ग में मज़दूरों के परिषद बनने लगे, जो कहलाये 'सोवियत'। इन सोवियत का अध्यक्ष एक छब्बीस साल का नवयुवक लियोन त्रोत्सकी था, जिसके ओजस्वी भाषण पीटर्सबर्ग में गूँज रहे थे। जब ज़ार ने देखा कि पानी सिर के ऊपर से जा रहा है, तो उन्होंने दो कदम उठाये।

रूस में पहली बार संविधान का निर्माण हुआ और ड्यूमा (संसद) को ताकत दिये जाने का निर्णय किया गया। यह कहलाया– अक्टूबर मैनिफ़ेस्टो। दूसरा कदम था त्रोत्सकी जैसे यहूदियों के ख़िलाफ़ जनता को भड़काना, और इस पूरे आन्दोलन में एक साम्प्रदायिक ऐंगल लाना। ड्यूमा बनने का मतलब ही था कि राजनैतिक दल बनेंगे, जो अपनी पॉलिटिक्स खेलेंगे। दक्षिणपन्थी से उदारवादी तक अपने-अपने जाल फेंकेंगे, और मज़दूर गटर में ही रह जायेंगे। अक्टूबर मैनिफ़ेस्टो के ठीक बाद घोर राष्ट्रवादियों का एक समूह बना 'ब्लैक हंड्रेड्स'। वे ज़ार के समर्थन में ईसाई धर्म का झण्डा उठाये घूमने लगे, और जनता को यहूदियों के खिलाफ़ भड़काने लगे। वे कहने लगे कि इन सभी आन्दोलनों के पीछे पोलैण्ड और रूस के ये यहूदी बुद्धिजीवी हैं। वे देशद्रोही हैं!

रूस में फिर एक बार शुरु हुआ यहूदी नरसंहार यानी 'पोग्रोम'। ओडेसा शहर में सैकड़ों यहूदी मौत के घाट उतारे गये। यह रक्त-पिपासु जनता आन्दोलन करना भूल गयी। अगले वर्ष तक ज़ार-विरोध की चिंगारियाँ बुझने लगी। आन्दोलनकारी पकड़े गये, मारे गये या विदेश भाग गये।

कुछ वर्षों बाद वियना के एक कैफ़े में लिओन त्रोत्स्की एक नयी पत्रिका की प्रूफ देख रहे थे। पत्रिका का नाम था– प्रावदा 'सत्य'। उनसे मिलने एक तगड़ी मूँछों वाले रूसी नवयुवक आये और कहा, 'मेरा नाम जोसेफ़ है, लोग स्टालिन भी बुलाते हैं। मुझे लेनिन ने आपसे मिलने भेजा है।'

त्रोत्सकी खड़े होकर कहते हैं, 'लेनिन ने? चलो! टहलते हुए बात करते हैं'

जब वे शॉनब्रून पार्क में टहलते हुए रूस का भविष्य टटोल रहे थे, वियना के उसी इलाके में एक बेघर नवयुवक एडॉल्फ हिटलर भी अपनी ठौर तलाश रहा था।

बुद्धिजीवियों की क्रान्ति अपनी जगह है, लेकिन लेनिन को कुछ बाज़ीगरी करने वाले युवाओं की ज़रूरत थी। ऐसे लोग जो रूसी ओख्रानो 'गुप्तचर एजेंसी'

को चकमा दे सकें, जो हत्या कर सकें, चोरी या लूट से क्रान्ति के लिए धन जुटायें। उसके बाद हुई अन्य देशों की क्रान्तियों में भी यह मॉडल प्रयोग हुआ। लेनिन को ऐसे लड़के कॉलेजों से नहीं, बल्कि फुटपाथ से उठाने थे। सड़क-छाप मवाली हो, स्कूल ड्रॉप-आउट हो, छुटभैया डकैत हो, बहुरूपिया हो। जॉर्जिया के एक फुटपाथ पर ऐसे तीन लड़के मिल गये।

एक था कामो, दूसरा सुरेन, तीसरा कोबा। तीनों ही स्कूल ड्रॉप-आउट। तीनों का बचपन बस्तियों में बीता। कोबा के पिता मोची थे। इनकी बचपन से ही कारस्तानियों की वजह से इन्हें एक सेमिनरी में भेजा गया कि धर्म-कर्म सीखें, पादरी बनें, लेकिन तीनों ही वहाँ से निकाले गये।

कामो को रूसी ठीक से नहीं आती थी। वह आर्मीनियाई-जॉर्जियन था। भेष बदलने का उस्ताद। एक बार क्रान्तिकारियों को एक जनता हॉल में ज़ारशाही के ख़िलाफ़ पैम्फ्लेट बँटवाना था, मगर यह काम जोखिम भरा था। कामो एक छोटा रिवॉल्वर लेकर अन्दर गया, और ऊपर की गैलरी में पहुँच कर पैम्फ्लेट की पूरी गड्डी को हवा में बिखेर कर आ गया। जब तक उसे कोई पकड़ता, वह अपना भेष बदल कर भाग चुका था। यह हॉल में गैलरी से पैम्फ्लेट बिखेरना भारत में कुछ बड़े स्तर पर हुआ, जब 1929 में भगत सिंह और बटुकेश्वर दत्त नामक युवकों ने एक बम विस्फोट कर असेंबली हॉल में पर्चे लहराये।

कोबा कुछ अधिक सम्भल कर क़दम रखने वाला युवक था। उसने अपना नाम कोबा एक मशहूर उपन्यास के किरदार के नाम रखा था, जो रॉबिनहुड की तरह ज़ार के कोसैक रक्षकों को चकमा देकर क्रान्ति करता है। लेनिन की नज़र कोबा पर पहले से थी, और उन्होंने जब यह पर्चा लहराने वाला क़िस्सा सुना तो कामो को भी मिलाने की सोची। ये लड़के बचपन से साथ खेले थे, तो काम मुश्किल नहीं था। सुरेन कोबा का साथी था जो बाद में दक्षिण रूस में सक्रिय रहा। ये तीन तिलंगे छोटी-मोटी लूट करने लगे और पार्टी के लिए कुछ धन इकट्ठा करने लगे। इनको क्रान्ति से अधिक जाँबाज़ी का शौक था। इनके छुपने की जगह भी ऐसी थी, जहाँ किसी को शक नहीं होता। ये वेश्यालयों में छुपा करते!

26 जून, 1907 को जॉर्जिया की राजधानी तिबलिस में एक बड़ी लूट को अन्जाम देना था। कोबा को ख़बर मिली थी कि एक बड़ी रकम एक बैंक से दूसरे बैंक एक बग्घी पर लेकर जाने वाले हैं। लेनिन ने यह योजना बनायी कि बम फेंक कर इसे लूट लिया जाये। तीनों लड़के तैयार किये गये,

जो एक सोफे में बम भर कर ले आये। उस दौरान बम जाँचते हुए कामों घायल हो गया, लेकिन वह स्वयं को ख़तरों का खिलाड़ी समझता था।

सुबह 10.30 बजे जब बग्घी शहर के चौराहे से गुजरी, ये लड़के किसानों की भेष में वहाँ इन्तज़ार कर रहे थे। सिर्फ़ कामो वहाँ घोड़ा-गाड़ी पर बैठा किसी फौजी की तरह आया था। बग्घी करीब आते ही इन लोगों ने बम फेंक कर सारा धन लूट लिया, जो लगभग तीन मिलियन डॉलर के करीब थे। यह सरकारी खजाने की पहली इतनी बड़ी लूट था।[4]

लेनिन के पास यह धन पहुँचा कर कोबा उनका ख़ास बन चुका था। कोबा इसके बाद कई बार ओख्रानो द्वारा पकड़ा गया, और साइबेरिया भेजा गया, लेकिन वह हर बार भाग आता। एक बार तो क्रान्तिकारियों को यह शक हो गया कि कहीं यह ज़ार का जासूस ही तो नहीं? इसके कुछ प्रमाण भी थे। आख़िर उसी साइबेरिया से बाकी क्रान्तिकारी तो नहीं भाग पाते, फिर कोबा के पास ऐसी कौन-सी जादुई छड़ी थी?

एक बात तो तय है कि यह किरदार रहस्यमय था। इस बात को समकालीन दुनिया बेहतर जानती है। कोबा को लेनिन ने त्रोत्स्की के पास मार्क्सवाद सीखने वियना भेजा था। दशकों बाद ये दोनों एक-दूसरे के खून के प्यासे हो गये। कोबा तब तक अपना नाम आख़िरी बार बदल चुका था। सड़क से उठ कर वह गद्दी तक पहुँच चुका था, और एक समय दुनिया का सबसे ताक़तवर व्यक्ति कहा जाने लगा था। वह बन चुका था– स्टालिन!

रूस में हो रही हलचल का प्रभाव दुनिया के अन्य हिस्सों पर भी था। 1908 मे लेनिन ने एक लेख लिखा 'विश्व राजनीति के ज्वलन्त मुद्दे', जिसमें उन्होंने भारत के करोड़ों सर्वहारा के क्रान्ति की बात लिखी। अगले वर्ष मार्च के महीने में उनके मार्क्सवादी मित्र अल्ड्रेड कुछ भारतीय क्रान्तिकारियों से उन्हें मिलवाने के लिए इंडिया हाउस लाये। वहाँ श्याम जी कृष्ण वर्मा और मदनलाल ढींगड़ा सरीखों के अतिरिक्त एक और युवक मौजूद थे, जिनका नाम था विनायक दामोदर सावरकर।[5]

सावरकर की जीवनी में विक्रम सम्पत लिखते हैं कि वहाँ क्या हुआ, यह मालूम नहीं, स्वयं सावरकर ने यह बात 1937 तक दबा कर रखी। इस बात को तो ख़ैर अब शायद सावरकर और लेनिन, दोनों के नव-समर्थक दबा दें। जो बात हम जानते हैं कि उसी वर्ष '1909 में' जुलाई की पहली तारीख़ को

मदनलाल ढींगड़ा ने ब्रिटिश अफ़सर कर्जन विली को एक सभा से निकलते हुए गोली मार दी!

भारत और रूस, दोनों ही देशों में अंडरग्राउंड गतिविधियाँ बढ़ने लगी थीं। मदनलाल ढींगरा से पहले मुज़फ़्फ़रपुर में खुदीराम बोस बम फेंक कर हमला कर चुके थे। कुछ वर्षों बाद प्रवासी भारतीयों द्वारा गदर क्रान्ति की पृष्ठभूमि बनने लगी थी। यह गतिविधियाँ उस समय तेज हो गयीं, जब एक अभूतपूर्व युद्ध छिड़ने वाला था– पहला विश्व युद्ध!

प्रख्यात लेखक एच. जी. वेल्स ने लिखा– 'The War that will end war' 'एक युद्ध जो सभी युद्ध ख़त्म कर देगा'। यह युद्ध विश्व के बिगड़ते सन्तुलन को ठीक करने के लिए था। यह निरंकुश राजशाही, साम्राज्यवाद और नस्लीय दम्भ को ख़त्म करने के लिए था। यह दुनिया में समाजवाद और लोकतन्त्र की स्थापना के लिए था। लेकिन, हुआ क्या?[6] न युद्ध ख़त्म हुए, न नस्लीय दम्भ। इस युद्ध ने तो इससे भी भयंकर युद्ध, असन्तुलन, निरंकुश तानाशाही और नस्लीय दम्भ की पटकथा रच दी। 'टाइम मशीन' के रचयिता एच. जी. वेल्स स्वयं सोच रहे होंगे कि अपनी मशीन में बैठ कर पीछे लौटें, और अपना कथन बदल दें।

आखिर यह दुनिया का 'असन्तुलन' जन्मा कैसे? यूँ भी कह सकते हैं कि सन्तुलन था ही कब? मैं फ़्लैशबैक में चलता हूँ।

हमने पहले पढ़ा कि क्रीमिया युद्ध '1853–56' के रूप में एक 'मिनी वर्ल्ड वार' पहले हो चुका था। उस युद्ध के बाद पश्चिमी दुनिया का इस्लाम बहुल मध्य एशिया में हस्तक्षेप शुरू हो गया, जो भविष्य की अशान्ति का जड़ बना। क्रीमिया युद्ध के विजेता नेपोलियन तृतीय ने सोचा कि अब शेष यूरोप पर भी अपनी पकड़ बनायी जाये, और अपने चचा नेपोलियन बोनापार्ट का स्वप्न साकार किया जाये। लेकिन, उन्हें यूरोप की एक शक्ति का एहसास नहीं था, जो तेज़ी से अपने नस्लीय दम्भ के साथ उभर रहा था।

प्रशिया के चांसलर बिस्मार्क ने 1862 में वह कालजयी 'आयरन एंड ब्लड' वक्तव्य दिया, 'हमें उदारवाद नहीं, हमारे देश की ताकत को अपनाना होगा। हमारे पास कई मौके आये और गये। आज के प्रश्नों का हल भाषणों और बहुमत के निर्णय में नहीं है, आज का हल है रक्त और लोहे में'

वह जर्मनी के लौह पुरुष कहलाये, जो पूरी जर्मन अस्मिता को एक करना चाहते थे। इसके लिए उन्हें एक युद्ध की जरूरत थी, और कहीं न कहीं उन्होंने इसका माहौल बनाया। उन्होंने फ्रैंच ताक़त के ख़िलाफ़ एक

जर्मन नस्ल की लॉबी बनायी, और युद्ध कर नेपोलियन तृतीय को पराजित किया। युद्ध के बाद 1871 में एक एकीकृत जर्मनी का जन्म हुआ। हालाँकि, बिस्मार्क का साथ देकर भी ऑस्ट्रिया अपने स्वतन्त्र रूप में रहा। अगले दो दशकों तक बिस्मार्क जर्मनी को प्रगति-पथ पर ले जाते रहे, और उन्हें यह एहसास दिलाते रहे कि वे श्रेष्ठ हैं। समाजवाद के उदय के साथ 1890 में उन्हें केसर विलियम द्वितीय ने इस्तीफ़ा देने को मजबूर किया। यूँ भी वह बूढ़े हो चले थे लेकिन, जर्मनी यूरोप की महाशक्तियों में अपनी पहचान बना चुका था। उसके टक्कर के तीन देश थे– ब्रिटेन, अमेरिका और रूस।

अमेरिका तो खैर अलग ही दुनिया थी, मगर ब्रिटेन, जर्मनी और रूस के मध्य त्रिकोणीय संघर्ष था। यह चर्चा मैं पहले ही कर चुका हूँ कि तीनों देशों के राजा 'जॉर्ज पंचम, केसर विलियम और ज़ार निकोलस' रिश्ते में भाई थे। लेकिन, इनके मध्य दरार पड़ने लगी थी। त्रिकोणीय संघर्ष जीतने का 'गोल्डन रूल' है कि दो शक्तियों को मिलना होगा। ज़ार निकोलस का तो ससुराल ही जर्मनी था, तो उनसे मिलना सुलभ था। दूसरी तरफ़, उनकी पत्नी महारानी विक्टोरिया की प्रिय पोती रही थी, तो ब्रिटेन का भी हक बनता था। लेकिन, विश्व राजनीति यूँ रिश्तों से नहीं चलती।

कहीं न कहीं दोनों विश्व-युद्धों की चिंगारी ज्वालामुखियों के देश जापान से जलती है। 1905 में जब जापान ने रूस को शिकस्त दी, तो ब्रिटेन ने सोचा कि आया ऊँट पहाड़ के नीचे। अब उन्हें रूस से कम-से-कम यह ख़तरा नहीं था, कि वे भारत तक पहुँचेंगे। हालाँकि भारत के लिए दूसरा रास्ता खुला था। रूस अफ़ग़ानिस्तान और इरान में अपनी पहुँच बना चुका था। 1907 में ब्रिटेन ने उसका भी निपटारा कर दिया। उन्होंने सन्धि कर ली कि तेहरान के नीचे का हिस्सा जो भारत से लगा था, वह ब्रिटेन सम्भालेगा; ऊपर का हिस्सा रूस सम्भाले। जब ये दोनों मध्य एशिया की बँटाई में लगे थे, तीसरा हिस्सेदार क्यों पीछे रहता? एक ऐतिहासिक रेलवे लाइन बिछ रही थी-बर्लिन से बगदाद तक![7]

टिप्पणी

1. स्मिथ, डग्लस, रासपूतिन, मक्मिलन, 2016
2. हैल्डेन, जे.बी.एस., 'ब्लड रॉयलः अ स्टडी ऑफ़ हेमोफ़िलिया इन द रॉयल फ़ैमिलीज़ ऑफ़ यूरोप', द मॉडर्न क्वॉर्टर्ली, वॉल्यूम 1, संख्या 2, पृ. 129-139
3. सेबेस्टएँ, विक्टर, लेनिनः द मैन, द डिक्टेटर एंड द मास्टर ऑफ़ टेरर, पैन्थीआन बुक्स, न्यूयॉर्क, 2017

4. इस घटना का भारत की क्रान्ति में काकोरी लूट काण्ड से साम्य है।
5. सम्पत, विक्रम, सावरकर, पेंग्विन रैंडम हाउस, इंडिया, 2019
6. वेल्ज़, एच. जी., द वार दैट विल एंड वॉर्ज़, "फ्रेंक एंड सीसिल पामर", लन्दन, 1914
7. सिम्किंज़, पीटर और अन्य, द फ़र्स्ट वर्ल्ड वार, आस्प्रे पब्लिशिंग, लन्दन, 2003

रासपूतिन

विश्व-युद्ध और क्रान्ति की पृष्ठभूमि में रासपूतिन की टाइमिंग एक रहस्य है। जब से रासपूतिन से ज़ार की पहली मुलाक़ात हुई, ज़ार की उल्टी गिनती शुरू हो गयी। क्या यह एक संयोग था? क्या वह कोई प्लांट किये गये व्यक्ति थे?

ज़ार निकोलस के प्रधानमन्त्री स्तोलिपिन एक काबिल प्रधानमन्त्री थे, और ऐसा माना जाता है कि उनमें वह कुव्वत थी कि ज़ारशाही बचा लेते और रूस में सुधार भी ले आते। ज़ार को उन पर पूरा भरोसा था, और उनके सुझाए सुधारों को शामिल किया जा रहा था। स्तोलिपिन ने गुप्तचरों के सहयोग से क्रान्तिकारियों को लगभग निपटा दिया था। अधिकांश क्रान्तिकारी प्रवास में थे, या साइबेरिया में।

1906 में जब उन्होंने पद सम्भाला, उसी समय रासपूतिन की राजमहल में एंट्री हुई। युवराज की बीमारी 'हीमोफिलिया' को अपनी जादुई ताक़तों से उड़न-छू करने के कारण ज़ारीना का उनमें अगाध विश्वास जन्म ले रहा था। वह उन्हें ईश्वर का दूत समझती थी, और रासपूतिन के जीवनीकार यह मानते हैं कि उनके मध्य शारीरिक नहीं, आध्यात्मिक प्रेम सम्बन्ध ही थे। अन्यथा रासपूतिन एक सेक्स-गुरु के रूप में ख्यात थे, और पीटर्सबर्ग की सम्भ्रान्त महिलाओं को सम्भोग से ईश्वर-प्राप्ति का रास्ता बताते। राजमहल की परिचारिकाओं के साथ भी उनके सम्बन्ध बनने लगे। प्रधानमन्त्री स्तोलिपिन को इस आगन्तुक पर पहले दिन से शक था। क्रान्ति के दौर में ज़ार और ज़ारीना के इतने क़रीब कोई अजनबी अगर आ जाये, तो यह शक वाजिब था। आख़िर रासपूतिन स्वयं को मूलतः एक किसान ही कहते थे। साइबेरिया के गाँव में उन्होंने एक बड़ा बँगला बनवा लिया था।

स्तोलिपिन का शक उस दिन बढ़ गया, जब अगस्त, 1906 में उनके महल को बम से उड़ा दिया गया। प्रधानमन्त्री स्वयं बच गये, लेकिन उनकी बेटी के दोनों पैर बुरी तरह जख्मी हुए। नेटफिल्क्स फ़िल्म 'द लास्ट ज़ार' में

यहाँ एक सनसनीखेज़ दृश्य दिखाया गया है कि ज़ार ने रासपूतिन को उनकी बेटी का इलाज करने भेजा, और रासपूतिन को अश्लील हरकतें देखते प्रधानमन्त्री ने देख लिया। हालाँकि जीवनी में सिर्फ़ यह बताया गया कि ज़ार ने रासपूतिन से इलाज का सुझाव लिया था। स्तोलिपिन के मन में शंका यह थी कि यह आदमी ज़ार और प्रधानमन्त्री के घर में घुस कर करना क्या चाहता है? उन्होंने अपने गुप्तचरों को काम पर लगाया कि पता करो, यह रासपूतिन है कौन?

1908 में एक क्रान्तिकारी महिला ने दो बड़े अधिकारियों को बम से उड़ा दिया। जब उसे पकड़ा गया, तो उसने अपना नाम ऐना रासपूतिना बताया। इस नाम की रूस में एक ही स्त्री ज्ञात थी– रासपूतिन की माँ! उसी नाम की दूसरी स्त्री विचित्र संयोग था। प्रधानमन्त्री का शक बढ़ता जा रहा था, और उन्होंने रासपूतिन की पूरी फाइल तैयार कर ज़ार को दिखाया। उसमें लिखा था कि रासपूतिन शराबी, चोर और लड़कीबाज व्यक्ति है। वह खिलस्ती नामक ईसाई कल्ट से है, जहाँ स्त्रियाँ अपना स्तन काट कर ईश्वर को अर्पित करती हैं और सम्भोग से ही साधना होती है।

यह सुन कर ज़ार ने कहा, 'आपकी बातों पर मुझे भरोसा है। लेकिन, क्या मेरा कोई निजी जीवन नहीं? इसमें हस्तक्षेप क्यों किया जा रहा है?'

'क्षमा करें, लेकिन आपका निजी जीवन सम्भव ही नहीं। आप पूरे देश के प्रतिनिधि हैं, और आपका जीवन देश के हर नागरिक का आदर्श। आप ज़ार हैं!'

'मैं बस यह कहूँगा कि ज़ारीना जिस दौर से गुजर रही है, इस समय दस रासपूतिन भी आयें तो मैं नहीं रोकूँगा'

दरअसल इस समय तक रूस को बताया ही नहीं गया था कि युवराज को हीमोफिलिया है। ऐसा बताते ही क्रान्तिकारियों को ज़ार की कमज़ोरी का एहसास हो जाता। अब रासपूतिन पर रूस के धर्मगुरुओं की भी पैनी नज़र थी। आख़िर रासपूतिन रूस के सबसे शक्तिशाली सन्त बनते जा रहे थे। 1910 के मॉस्को गजट में एक ख़बर छपी– 'आध्यात्मिक नौटंकीबाज़ रासपूतिन'।

एक धर्मगुरु को ज़ारीना और रासपूतिन के मध्य लिखी चिट्ठियाँ मिल गयीं थीं। उन चिट्ठियों में ज़ारीना ने लिखा था कि वह उनकी प्रतीक्षा करती है, उनके आने के बाद उनका जीवन बदल गया। इसे प्रेम-पत्रों की तरह प्रचारित किया गया। प्रधानमन्त्री ने रासपूतिन से तलब कर उन्हें राजमहल छोड़ देने कहा। रूस की महारानी का किसी ऐरे-गैरे सन्त से यूँ निकटता देश की छवि के लिए ठीक नहीं था। रासपूतिन अपने गाँव तो लौटे,

लेकिन कुछ ही महीनों बाद प्रधानमन्त्री को ही बम से उड़ा दिया गया। यह काम पुलिस के ही एक पूर्व गुप्तचर ने किया था। वह यहूदी धर्म का था, जिनके नरसंहार ज़ार निकोलस के समय चरम पर थे। मुमकिन है कि यह प्रतिशोध हो, लेकिन यह कयास भी लगते हैं कि उनको ज़ार द्वारा ही उड़वाया गया क्योंकि महारानी ऐसा चाहती थी।

प्रधानमन्त्री के ख़त्म होते ही रासपूतिन का कद बढ़ता चला गया। वह लेनिन के लिए भी एक ऐसे हथियार बने, जिसे दिखा कर जनता में ज़ार के लिए नफ़रत पैदा की जा सकती थी। एक अय्याश लफंगा सन्त, जो महारानी के बेडरूम तक पहुँच चुका है। ऐसी छवि का निर्माण क्रान्ति में बड़ी भूमिका निभाता है, जैसे फ्रांसीसी क्रान्ति में रानी मारी अन्तवानेत की अय्याश छवि बनी और जनता भड़कती चली गयी।

दूसरी तरफ़ 1912 से युद्ध की नेट-प्रैक्टिस शुरू हो गयी। जर्मनी, इंग्लैण्ड और रूस के अधिकार टकरा रहे थे यूरोप और मध्य-एशिया के जंक्शन पर। जहाँ दो नस्ल, दो संस्कृतियाँ, दो शक्तियाँ हमारे समय तक टकराती रही हैं। युद्ध शुरू हुआ बोस्निया-हर्ज़ेगोविना में!

बाल्कन देशों पर इतिहास के सूरमाओं के भी हाथ-पाँव फूल जाते हैं। इसमें यही निर्णय करना कठिन है कि कौन, किस से, कब और क्यों लड़ रहा था। यह लड़ाई अब तक ख़त्म नहीं हुई। मेरे एक वरिष्ठ सहकर्मी की डिग्री सत्यापित नहीं हो पा रही, क्योंकि उनकी डिग्री जिस देश की है, वह देश ही नहीं रहा। आज पाकिस्तान से भी छोटे बाल्कन क्षेत्र में एक दर्जन देश घुसे हुए हैं! मैं यहाँ सुविधा के लिए नाम लिख देता हूँ–

सर्बिया, अल्बानिया, मोंटेनिग्रो, कोसोवो, उत्तरी मैकडोनिया, क्रोएशिया, बुल्गारिया, बोस्निया-हर्ज़ेगोविना, रोमानिया, स्लोवानिया, ग्रीस। इनके अतिरिक्त तुर्की और हंगरी के क्षेत्र।

विंस्टन चर्चिल ने एक बार चिढ़ कर कहा था, 'ये छोटे-मोटे बाल्कन देश जिनकी कोई औक़ात नहीं, वे इतिहास में इतनी जगह क्यों बटोर लेते हैं?'

इसलिए जब भी कोई यूरोपीय यह कहता है कि भारत के भिन्न-भिन्न क्षेत्र अस्मिता की लड़ाई लड़ते रहते हैं, तो उन्हें सिर्फ़ बाल्कन दिखा कर चुप किया जा सकता है। भारत अगर उनकी तरह लड़ कर रहता तो आज न जाने कितने टुकड़ों में बँट चुका रहता। यूरोप के तीन बड़े विघटन 'सोवियत, युगोस्लाविया और चेकोस्लोवाकिया' तो हमारी पीढ़ी ने देख लिए,

एक और विघटन '**स्पेन-केटालोनिया**' शायद देख लें। इन लड़ाइयों की जड़ उससे भी अधिक रूढ़ है।

ये प्रगतिशील नज़र आते देश दरअसल अपनी जातीय/नस्लीय अस्मिता के लिए लड़ते रहे हैं। भले ही एक भूरी नस्ल को सभी गोरे या ईसाई नज़र आयें, इनमें दर्जनों जातीय विभाजन हैं। इस हद तक कि नस्लीय नरसंहारों (ethnic cleansing) के सबसे अधिक उदाहरण यूरोप में ही मिलेंगे। एक सर्ब, एक रोमाँ और एक बुल्गार अगर आमने-सामने आ जायें तो मुमकिन है उनके दादा-परदादा एक-दूसरे के ख़ून के प्यासे रहे होंगे। इस भूमिका के साथ मुद्दे पर आता हूँ कि यह 'भानुमति का कुनबा' आखिर विश्व-युद्ध की चिंगारी कैसे बन गया।

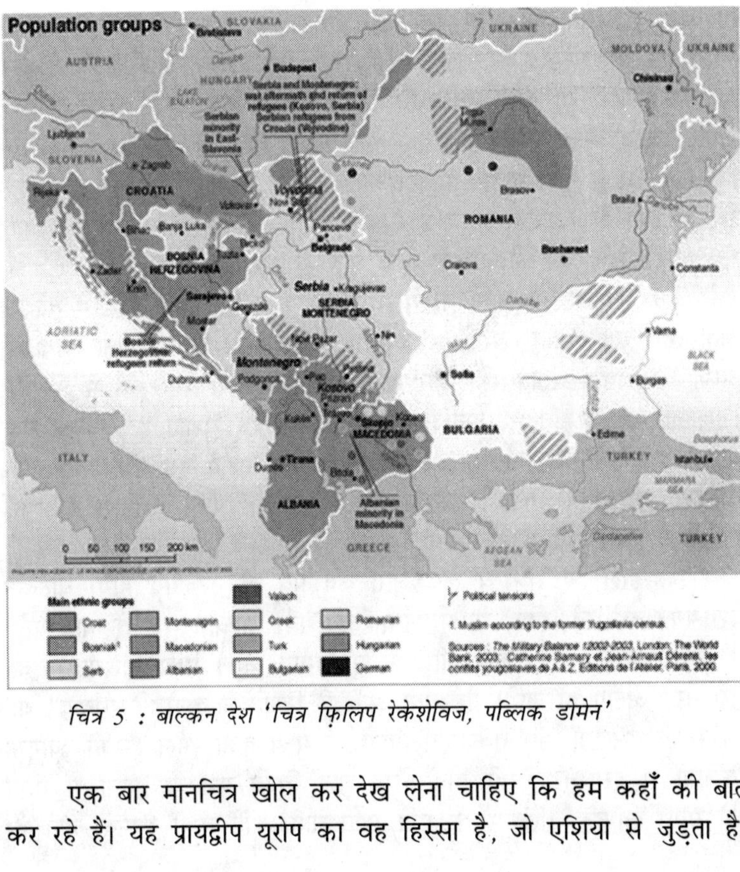

चित्र 5 : बाल्कन देश 'चित्र फ़िलिप रेकेशेविज, पब्लिक डोमेन'

एक बार मानचित्र खोल कर देख लेना चाहिए कि हम कहाँ की बात कर रहे हैं। यह प्रायद्वीप यूरोप का वह हिस्सा है, जो एशिया से जुड़ता है।

इन दो महादेशों को जोड़ते एक सँकरे पुल पर है इस्ताम्बुल (तुर्की)। यह एक तरह का 'चिकेन नेक' है, और शब्दशः तुर्की का नाम जंगली मुर्गे से ही उपजा है। एक रोचक तथ्य यह भी है कि तुर्क भाषा में मुर्गे को 'हिन्दी' बुलाते हैं, क्योंकि यह भारत से ही लाया गया था।

अधिकांश बाल्कन देशों पर ऑटोमन तुर्कों का राज या प्रभाव हुआ करता था। इनके सुल्तान तो मुसलमान थे, लेकिन इन देशों में बड़ी जनसंख्या ईसाई थी। गाहे-बगाहे इनका धर्म के नाम पर दमन हुआ, लेकिन ये लोग अपनी ज़मीन को पकड़ कर रखने वाले जुझारू लोग होते हैं। ये पलायित होने के बजाय अपना प्रभाव बढ़ाते गये। इसमें अन्य ईसाई देशों की भी भूमिका थी, जो इन्हें सहयोग देते रहते।

इन देशों में एक बड़ी जनसंख्या स्लाव (slav) जाति की है, जो रूस ही नहीं, पूरे यूरोप की सबसे बड़ी जाति है। स्लाव शब्द की एक व्याख्या यह भी है कि यह संस्कृत के 'श्रव्य' से जुड़ा है, और इसका अर्थ है जिन्हें सुना जा सके। यानी जो बोल सकते हैं। इनके विपरीत एक दूसरी बड़ी जाति है जर्मन, जिसके लिए स्लाव देश एक शब्द प्रयोग करते हैं– नेम्तसे (nemtsy) जिसका अर्थ है गूँगे। यानी जो नहीं बोल सकते। ये शब्द मोटे तौर पर इनके स्वभावों की भी व्याख्या करते हैं। मुमकिन है ज़ारशाही और कम्युनिस्ट राज के बाद रूसियों की भी बोलती कुछ बन्द हो गयी हो।

इन वाचालों और गूँगों के मध्य लड़ाई यूरोप में विश्व-युद्धों में तब्दील होती रही। स्लाव और जर्मनों की नस्लीय श्रेष्ठता की लड़ाई। दोनों स्वयं को आर्यों के निकट बताते रहे, और दोनों भारोपीय भाषा शाखाओं में ही हैं।[1] लिथुआनिया का इतिहास अनूदित-सम्पादित कर रहे सुशांत झा ने मुझे एक बार कहा, 'हमें पश्चिमी यूरोप और इंग्लैण्ड के बजाय इस पूर्वी यूरोप और केन्द्रीय एशिया पर फोकस करना चाहिए, प्राचीन पेगन इतिहास की कई कहानियाँ एक जैसी मिल जायेंगी'

बहरहाल, ये सम्बन्ध तो हज़ारों वर्ष पूर्व ही टूट गये होंगे। बाल्कन देश पेगन नहीं रहे, ईसाई या मुसलमान बन गये। बाल्कन युद्ध के बाद यूरोप ने अपनी सीमायें ऐसी बना लीं, कि मुसलमान-बहुल मध्य एशिया से वह पूरी तरह अलग हो जाये। यह एक आखिरी निर्णायक क्रूसेड 'धर्मयुद्ध' था, जो स्लाव ईसाइयों और तुर्क मुसलमानों के मध्य हुआ, भले इसकी व्याख्या किताबों में इस तरह नहीं होती। यह युद्ध विश्व-युद्ध के पन्नों में कहीं खो गया। लेकिन, इतिहास के पन्ने खोते नहीं, वहीं कहीं चिपके होते हैं।

यह महज इत्तिफ़ाक़ नहीं कि वर्षों बाद जब सोवियत रूस बिखर गया, तो बाल्कन के भी टुकड़े-टुकड़े हो गये।

1912 में बाल्कन को तीन तरफ़ से तीन शक्तियाँ खींच रहीं थीं। बुझने से पहले आख़िरी बार फड़फड़ाते तुर्क, सबसे बड़ी फौज शक्ति में तब्दील हुए जर्मन, और अपने अन्त से बेख़बर रूस के ज़ार।

उखाड़ दो ये मस्जिदें, ये मीनारें
चलो जलायें सर्बियन मशाल
और सजायें ईस्टर के अण्डे
रक्त में नहायें हम, हमारा धर्म
जीतेगा जो, जीयेगा वही

नहीं रह सकते हम साथ
नहीं मनेगा अब ईद,
मनेगा सिर्फ़ बड़ा दिन

—मोन्टेनीग्रो का एक गीत

बाल्कन युद्ध में कुछ पिद्दी ईसाई देश मिल कर बूढ़े शेर ऑटोमन तुर्क को आख़िरी शिकस्त देने निकले थे। कुछ ही वर्ष पहले तुर्की में युवा क्रान्ति '1908' हुई थी, और शाही लोकतन्त्र की बहाली हुई थी। सुल्तान की शक्ति कमज़ोर पड़ गयी थी। इन बाल्कन देशों ने एक समूह बना कर निर्णय लिया कि तुर्की पर आक्रमण कर उनकी ज़मीन आपस में बाँट लेंगे। 8 अक्टूबर, 1912 को इन सभी में सबसे छोटे देश मोन्टेनीग्रो ने जंग छेड़ दी, और तुर्क शासित अल्बानिया में घुस गयी। इसके साथ ही ग्रीस, सर्बिया और बुल्गारिया ने भी आक्रमण कर दिया। तुर्क जो कभी इस इलाके के दादा हुआ करते थे, वह इस आक्रमण को झेल नहीं पाये। उनकी हार हुई।

इस युद्ध के साथ ही यूरोप में मुसलमानों की सत्ता हमेशा के लिए ख़त्म हुई। अब यूरोप पूरी तरह ईसाई शासित बन चुका था। लेकिन, अब इन ईसाइयों को आपस में लड़ना था। सर्बियाई चाहते थे कि वह बाल्कन पर राज करेंगे, बुल्गार चाहते कि वह राज करेंगे, और ग्रीस इनके बीच मुँह ताक रहा था कि मैं क्या तम्बूरा बजाऊँगा?

इतिहास के किसी भी युद्ध में पहली बार आधुनिक हवाई आक्रमण हुआ। यह बुल्गारिया की तरफ़ से था, और दुबारा बाल्कन युद्ध छिड़ गया।

बुल्गारिया की तो एक-चौथाई पुरुष जनसंख्या युद्ध ही लड़ रही थी, और लगभग यही हाल अन्य देशों का भी था। अगर यह युद्ध अधिक देर चलता तो शायद ये देश साफ हो गये रहते। उस समय अन्य बड़े देशों जर्मनी और इंग्लैण्ड ने हस्तक्षेप किया, और बाल्कन युद्ध रुकवाया गया। लेकिन, मामला इतना सुलझा नहीं था। सर्बिया का तो नाम ही है– बारूद का ढेर (Powder keg of europe), जो कभी भी फट सकता है।

सर्बिया और रूस एक ही स्लाव जाति के देश थे, और इस नाते रूस उनका स्वघोषित अभिभावक था। बाल्कन युद्ध से पहले 1908 में ऑस्ट्रिया-हंगरी ने तुर्कों से आधा सर्बिया छीन लिया था, जो बोस्निया-हर्ज़ेगोविना कहलाता है। हालाँकि बोस्निया मुसलमान बहुल था, लेकिन सर्बिया इसे अपना हिस्सा मानती थी। उसने रूस से शिकायत की, तो ज़ार ने टाल-मटोल कर दी कि अभी युद्ध करना कठिन है। मूल बात यह थी कि ऑस्ट्रिया के साथ शक्तिशाली जर्मनी थी, जिससे लड़ने की औक़ात रूस में थी नहीं।

रूस ने दूसरी तरकीब अपनायी। उसने सर्बिया में राष्ट्रवाद का इंजेक्शन देना शुरू किया। रूस मन में यह चाहता था कि ये सभी बाल्कन देश अब उसके साम्राज्य में मिल जायें। इसके लिए वह एक स्लाव जाति का एकल राष्ट्रवाद चाहती थी। वह चाहती थी कि पूरा बाल्कन एक साथ युगो-स्लाव कहलाये। जैसे ही नस्लीय राष्ट्रवाद अपने चरम पर पहुँचता है, अशान्ति भी आ ही जाती है। 'पाउडर केग' तो फटने के लिए तैयार ही बैठा था, बस एक तीली फेंकनी थी।

28 जून 1914 को ऑस्ट्रिया के युवराज फर्डिनांड अपनी पत्नी सोफ़िया के साथ बोस्निया की राजधानी साराजेवो के दौरे पर आये। उनका काफ़िला जैसे-जैसे गुज़र रहा था, सर्बियाई चरमपंथियों अपनी पोजीशन ले रहे थे। भीड़ इतनी अधिक थी कि वे हमला नहीं कर पा रहे थे। आख़िर एक ने क़रीब आकर युवराज की गाड़ी पर बम फेंक दिया, लेकिन बम टकरा कर दूर गिर गया। हमलावर ने जल्दी से साइनाइड मुँह में ली, और पास ही नाले में कूद गया। उसे नाले से निकाल कर गिरफ़्तार कर लिया गया।

फर्डिनांड गुस्से में टाउन हॉल पहुँचे और मेयर से कहा, 'क्या बम से स्वागत करने के लिए मुझे बुलाया था?'

उन्होंने कहा, 'अभी आपकी जान को ख़तरा है। आप कहीं बाहर न निकलें।'

'मगर वह हमलावर तो पकड़ा गया। क्या पूरा शहर आतंकियों से भरा पड़ा है? मुझे कोई ख़तरा नहीं।'

जब वह लौट रहे थे, तो चरमपन्थियों ने बेहतर योजना बना रखी थी। इस बार सीधे उनके पास आकर गोली मारी गयी, जो युवराज और उनकी पत्नी की जान ले गयी। इस घटना के पीछे 'ब्लैक हैंड' नामक एक चरमपन्थी संगठन का हाथ था। सवाल यह था कि उस ब्लैक हैंड के पीछे असली हैंड किसका था। आख़िर कौन-सा देश था जो ऑस्ट्रिया के युवराज को मारना चाहता था? बोस्निया? सर्बिया? तुर्की? या...रूस?

यूरोप का पाउडर-केग फट चुका था। प्रथम विश्वयुद्ध शुरू हो रहा था।

एक कॉन्सपिरेसी थ्योरी विश्व-युद्ध की भी है। जिस वक्त ऑस्ट्रिया के युवराज फर्डिनांड की हत्या की गयी, लगभग उसी दौरान रासपूतिन पर भी जानलेवा हमला हुआ। रासपूतिन बुरी तरह घायल साइबेरिया के हस्पताल में पड़े थे। कॉन्सपिरेसी थ्योरी यह है कि यह दोनों ही हत्याएँ यहूदियों के षड्यन्त्र का हिस्सा थी। रासपूतिन और फर्डिनांड युद्ध के ख़िलाफ़ थे, और इन दोनों की हत्या से युद्ध छिड़ सकता था। युद्ध के माध्यम से यहूदी अपने दोनों शत्रुओं जर्मनी और रूस को ख़त्म करना चाहते थे। अगर सिर्फ़ निष्कर्ष देखा जाये, तो इस मन्सूबे में वह सफल हुए। जर्मनी और रूस वाकई युद्ध के बाद चारों खाने चित थे। केसर और ज़ार, दोनों को सदा के लिए गद्दी छोड़नी पड़ी, और दोनों देशों में यहूदियों का दबदबा कुछ समय के लिए बढ़ता गया।

ऐसी थ्योरी ज़रूर किसी हिटलरवादी ने दी होगी। हम यह पढ़ चुके हैं कि युवराज फर्डिनांड की हत्या एक सर्बियन चरमपन्थी ने की। रासपूतिन की हत्या तो खैर कई लोग करना चाहते थे। यहूदियों द्वारा इतना बड़ा षड्यन्त्र कि एक हत्या बोस्निया में हो, और दूसरा सुदूर साइबेरिया में, असम्भव था।

यह बात ज़रूर है कि रासपूतिन किसी कीमत पर युद्ध नहीं चाहते थे। जैसे ही उन्हें साइबेरिया के हस्पताल में ख़बर मिली, उन्होंने तुरन्त राजभवन टेलीग्राम भेजा, 'मैं आ रहा हूँ। ज़ार से कहें वह युद्ध न लड़ें। अन्यथा रूस ख़त्म हो जायेगा।'

उन्हें वापस टेलीग्राम मिला, 'ऑस्ट्रिया सर्बिया के ख़िलाफ़ युद्ध छेड़ रही है। हमें सर्बिया की रक्षा करनी ही होगी'

रासपूतिन ने पुनः लिखा, 'नहीं! युद्ध नहीं। ज़ार खुद ख़त्म हो जायेंगे।'

रासपूतिन की भविष्यवाणी ग़लत नहीं थी। रूस कम से कम शुरुआत में इस युद्ध से तटस्थ रह सकता था। वे जर्मनी या ऑस्ट्रिया से बात कर सकते थे। अगर ऐसा होता तो शायद विश्व इतिहास ही कुछ और होता।

लेकिन, सबसे बड़ी समस्या तो यही थी कि यह बात रासपूतिन कह रहे थे। साइबेरिया का एक सनकी सन्त भला प्रशासन के निर्णय कैसे ले सकता है?

ज़ार ने गुस्से में कहा, 'रासपूतिन इन फ़ैसलों से दूर रहें। हमारे जनरलों को मालूम है कि क्या करना चाहिए। वे यह मानते हैं कि हमें युद्ध में जाना ही होगा।'

23 जुलाई, 1914 को ऑस्ट्रिया ने सर्बिया को अल्टीमेटम दिया, जिसमें दस शर्तें रखीं। सर्बिया ने नौ शर्तें मान ली। एक शर्त थी कि ऑस्ट्रिया की पुलिस सर्बिया में आकर हत्यारों की छान-बीन करेगी, जिसके लिए सर्बिया राजी नहीं हुई। जर्मनी की मदद से 28 जुलाई, 1914 को ऑस्ट्रिया ने सर्बिया के ख़िलाफ़ जंग छेड़ दी। 29 जुलाई को जर्मनी ने रूस को चेतावनी दी कि वह बीच में न पड़ें।

ज़ार के पास उनके जनरल ने आकर कहा, 'क्या ज़ार जर्मनी की चेतावनी मानेंगे? क्या हम झुक जायेंगे?'

ज़ार ने कहा, 'नहीं। हम नहीं झुकेंगे।'

ज़ारीना, जो स्वयं जर्मन थी, और रासपूतिन की बातों को ब्रह्मसत्य मानती थी, उन्होंने हस्तक्षेप करना चाहा। लेकिन, अब बात आगे निकल चुकी थी।

ज़ार निकोलस ने कहा, 'सर्बिया सन्देश भिजवाइए। रूस युद्ध में उनका साथ देने आ रहा है।'

30 जुलाई को रूस की सेना आगे बढ़ने लगी। 1 अगस्त को जर्मनी के केसर विलियम ने घोषणा की, 'हम रूस के ख़िलाफ़ ज़ंग का ऐलान करते हैं।'

जर्मनी की सेना को बेल्जियम से गुजर कर जाना था, मगर फ्रांस ने ऐसा करने से बेल्जियम को रोक दिया। 3 अगस्त को जर्मनी ने बेल्जियम-फ्रांस के ख़िलाफ़ युद्ध की घोषणा कर दी। इंग्लैण्ड जो अब तक शांत बैठा था, उसने बेल्जियम की रक्षा का बीड़ा उठाया और 4 अगस्त को जर्मनी के ख़िलाफ़ जंग छेड़ दी। एक हफ़्ते के अन्दर सभी बड़े खिलाड़ी मैदान में थे। एक तरफ़ रूस, फ्रांस और इंग्लैण्ड; दूसरी तरफ़ जर्मनी और (ऑस्ट्रिया)।

युद्ध शुरू होते ही लेनिन गैलिसिया 'ऑस्ट्रिया' से अपना बोरिया-बिस्तर बाँध कर ज़्यूरिख़ भागने की तैयारी में थे, और स्टालिन साइबेरिया भेजे जा रहे थे। यह युद्ध लेनिन और स्टालिन के लिए ऐसा सौग़ात लाने वाला था, जिसकी ख़बर उन्हें भी नहीं थी। लेनिन लगभग एक दशक से युद्ध की भविष्यवाणी कर रहे थे। 1913 की जनवरी में उन्होंने मैक्सिम गोरकी को चिट्ठी लिखी, 'हमारी क्रान्ति के लिए एक युद्ध का होना ज़रूरी है।'

आखिर 1914 में जाकर यह भविष्यवाणी सत्य हुई। ऑस्ट्रिया के एक पहाड़ी गाँव में लेनिन कुछ पेड़-पौधों का अवलोकन करते हुए काग़ज़ पर नोट्स ले रहे थे कि एक ग्रामीण चिल्लाया, 'यह रूसी है। हमारी जासूसी कर रहा है।'

कुछ ही देर में गाँव में ख़बर फैल गयी कि वहाँ एक रूसी परिवार रह रहा है, जिसमें एक आदमी शक्ल-सूरत से जासूस दिखता है। लेनिन के घर पुलिस पहुँच गयी, और वहाँ रूसी भाषा में लिखे कई काग़ज़ात मिल गये। हालाँकि वे ज़ार-विरोधी लेख थे, लेकिन भाषा समझ न आने पर इसे जासूसी दस्तावेज करार दिया गया। लेनिन को पॉकेटमारों और शराबियों के साथ जेल में बन्द कर दिया गया। आखिर एक समाजवादी नेता ने पैरवी लगायी और पुलिस चीफ़ को समझाया, 'आपने जिस आदमी को जेल में बन्द कर रखा है, पूरे रूस में इससे बड़ा ज़ार-विरोधी कोई नहीं। इसे रिहा कीजिये।'

युद्ध के समय राष्ट्रवाद इस चरम पर होता है कि शत्रु देश का हर व्यक्ति शत्रु ही नज़र आता है। रूस में भी यही स्थिति थी। जर्मनों और ऑस्ट्रियाई लोगों को ढूँढ़-ढूँढ़कर पीटा जा रहा था, गिरफ़्तार किया जा रहा था या भगाया जा रहा था। यह ख़बर भी फैलाई जा रही थी कि ज़ारीना एक जर्मन जासूस है, और वह हमारी सभी ख़बरें लीक कर रही है। एक यह भी कारण था कि ज़ार निकोलस को स्वयं जनता के बीच आकर जर्मनी के ख़िलाफ़ युद्ध का आह्वान करना पड़ा।

ज़ार निकोलस ने कहा, 'हम जर्मनी के ख़िलाफ़ इस युद्ध में पूरी ताकत से लड़ेंगे और उन्हें हरायेंगे। हमारी राजधानी का नाम पीटर्सबर्ग एक जर्मन नाम है, जो आज से बदल दिया जायेगा। आज से इसका नाम होगा– पेत्रोग्राद।'

भले ही जनता में ज़ार के प्रति असन्तोष रहा हो, लेकिन इस युद्ध ने उनमें नयी ऊर्जा का संचार कर दिया। वे 'ज़ार अमर रहें, रूस अमर रहे' चिल्लाने लगे। युद्ध की शुरुआत में रूस की सेना ने पूरे जोश में ऑस्ट्रिया को पीछे धकेल दिया, और गैलिसिया तक घुस गयी। लेकिन, जब जर्मन सेना आयी, तो उसके सामने रूसी सेना कहीं नहीं टिक पायी।

एक जर्मन फौजी ने अपने संस्मरण में लिखा, 'रूसी हज़ारों की तादाद में आते थे, लेकिन सभी पुतलों की तरह गिरते जाते थे। हमें उनकी लाशों को स्वयं ही रास्तों से हटाना पड़ता था ताकि आगे बढ़ सकें। आगे बढ़ते ही फिर से हज़ार रूसी सामने आ जाते थे। हम मारते जाते, वे मरने के लिए खड़े होते जाते।'

यह बात सत्य थी कि रूस में संख्या-बल था, किन्तु उनमें युद्ध-कौशल नहीं बचा था। उनके विपरीत जर्मनी ने बिस्मार्क के समय से ही अपनी सैन्य-क्षमता को फोकस बना रखा था, और यूरोप की सबसे शक्तिशाली सेना बन गये थे। रूस की सेना का कमान ज़ार निकोलस के चचेरे भाई निकोलासा ने सम्भाल रखा था, जिनको मीडिया खूब तवज्जो दे रही थी। भले ही युद्ध में हार हो रही थी, लेकिन उनकी वीर-गाथायें लिखी जा रही थी। वहीं, ज़ारीना ने स्वयं घायल फौजियों की देख-भाल के लिए स्त्रियों की टीम तैयार की, और वह युद्ध-हस्पताल में एक नर्स की भूमिका निभाने लगी। ऐसा करते हुए वह स्वयं पर जर्मन जासूस होने का दाग़ मिटा रही थी।

युद्ध की पहली खेप में रूस के दो लाख से अधिक फौजी मारे गये, और जर्मन सेना को रोकना नामुमकिन हो रहा था। उसी वक़्त रासपूतिन साइबेरिया से लौटे, और उन्होंने ज़ारीना से कहा, 'अब समय आ गया है कि ज़ार स्वयं युद्ध की कमान लें। ज़ार के फ्रंट पर जाने से फौज का मनोबल बढ़ेगा।'

हालाँकि रासपूतिन के जीवनीकार डग्लस स्मिथ लिखते हैं कि इस फैसले में रासपूतिन का हाथ नहीं था, ज़ार ने यह निर्णय स्वयं लिया। सच जो भी रहा हो, अगस्त 1915 में ज़ार निकोलस ने युद्ध की कमान ली और फ्रंट पर गये। अब रूस की गद्दी पर बैठी थी ज़ारीना अलेक्सांद्रा, और उनके पीछे खड़े थे रासपूतिन।

रासपूतिन मदिरा के शौकीन थे, और ज़ारीना अफ़ीम की। यहाँ भारतीय पाठकों के लिए यह जानना भी आवश्यक है कि 'मदिरा' एक पुर्तगाली वाइन है, जो वहाँ के मदिरा द्वीप पर बनायी जाती है। इसे ख़ास कर डच ईस्ट इंडिया कम्पनी के लोग भारत यात्रा के समय गैलन भर-भर कर ख़रीदते थे। सम्भव है यह नाम उन्होंने भारत से ही उठाया हो। यह 'मदिरा' अमरीकी स्वतन्त्रता संग्राम के कर्णधारों जॉर्ज वाशिंगटन और थॉमस जेफरसन का भी प्रिय पेय था। रासपूतिन तो पूरा गैलन मदिरा गटक जाया करते।

जब ज़ार निकोलस फ्रंट पर गये, रासपूतिन पूर्ण-कालिक प्रशासन का कार्य देखने लगे और ज़ारीना को गाइड करने लगे। पहले उन्होंने गृह मन्त्री बदल दिया, उसके बाद तो जो मन्त्री पसन्द नहीं आता, उसे बदल देते। उनका पेत्रोग्राद में स्थित अपार्टमेंट सत्ता का केन्द्र बन गया, जहाँ सुबह से लाइन लगी होती। किसी को सजा कम करवानी होती तो किसी के पास फ्रंट पर न भेजे जाने की अर्ज़ी होती। रासपूतिन भी उनका हर तरह से शोषण करते।

रिपोर्ट कहते हैं कि वह मदद करने के एवज में दो हज़ार रूबल रिश्वत से लेकर महिलाओं का बलात्कार भी किया करते। जब रूसी सेना बुरी तरह सीमा पर पराजित हो रही थी, लाखों मर रहे थे, रासपूतिन हर शाम शराब में धुत्त पार्टियाँ कर रहे होते। कुलीन वर्ग तो यह साक्षात देख ही रही थी, सर्वहारा को भी इस भोग-विलासिता की ख़बर थी। एक रूसी फौजी का संस्मरण है कि सीमा पर यही बात चलती रहती कि ज़ार यहाँ बैठे हैं और उनकी पत्नी साइबेरिया के पागल सन्त के साथ रंगरेलियाँ मना रही है। जर्मन इसके और भी मजे लेने लगे। उन्होंने रूसी सीमा पर सैकड़ों कार्टून पोस्टर गिरा दिये, जिसमें जर्मनी के केसर विलियम बन्दूक की नाल नाप रहे थे और ज़ार निकोलस रासपूतिन का लिंग।

रासपूतिन की जीवनी में एक पार्टी का ज़िक्र है कि रासपूतिन ने एक किताब लिखी, जिसके विमोचन के लिए तमाम शहरी कुलीन वर्ग के लोग आये। शराब पर शराब चली।

रासपूतिन ने एक प्रेम कविता सुनायी, जिस पर एक ने कहा, 'वाह वाह! क्नूट हैम्सन 'मशहूर कवि' इस कविता के सामने कुछ नहीं'

दूसरे चापलूस ने कहा, 'अरे! रविन्द्रनाथ टैगोर!'

रासपूतिन भले ही अपनी लम्बी दाढ़ी के कारण टैगोर की उपमा पा गये हों, किन्तु चरित्र में तो दूर-दूर तक कोई साम्य नहीं। इससे अधिक बदनाम मॉस्को की वह पार्टी रही, जिसमें रासपूतिन ने शराब के नशे में महिलाओं से ज़बर्दस्ती करते हुए जोर-जोर से कहा,'ज़ारीना मुझसे प्रेम करती है। तुम भी करो!'

फिर क्या था! ख़बर आग की तरह फैल गयी, रासपूतिन-ज़ारीना के अश्लील पोस्टर जगह-जगह लग गये। इस आग में घी डाल दिया, रासपूतिन के एक पुराने साथी रहे इलियादोर ने, जो उनके कट्टर-विरोधी बन गये थे। उन्होंने इससे पहले रासपूतिन की वे चिट्ठियाँ लीक की थीं, जो ज़ारीना ने लिखी थी। उन्होंने ही रासपूतिन पर जानलेवा हमला का षड्यन्त्र भी रचा था। अब इलियादोर ने रासपूतिन पर किताब ही लिख दी!

इलियादोर ने उसमें लिखा– 'ज़ारीना और रासपूतिन के अन्तरंग सम्बन्ध लम्बे समय से हैं। युवराज अलेक्सी रासपूतिन के पुत्र हैं। यहाँ तक कि रासपूतिन बड़ी राजकुमारी के साथ भी सो चुके हैं।'

ताज्जुब यह है कि भिन्न-भिन्न स्रोतों से गुजर कर भी ऐसे कोई तथ्य नहीं मिलते कि यह लेनिन या उनके बोल्शेविक मित्रों की साजिश हो।

लेनिन तो देश में ही नहीं थे। न ही किसी समाजवादी नेता की, क्योंकि अधिकांश साइबेरिया भेज दिये गये थे। ये सभी ख़बरें और अफ़वाह इसके ठीक उलट कुलीन वर्ग के शाही लोग, ड्यूमा 'संसद' के सदस्य और कुछ कट्टर दक्षिणपन्थी गुट फैला रहे थे। उनकी मन्शा थी कि ज़ार निकोलस को हटवा कर उनके चचेरे भाई निकोलासा को गद्दी पर बिठा दिया जाये।

1915 के अन्त तक बीस लाख रूसी सैनिक मारे जा चुके थे। ऑस्ट्रिया और तुर्की में छिट-पुट जीत के अतिरिक्त रूस बुरी तरह हार ही रहा था। जर्मनी ने रूस साम्राज्य के महत्त्वपूर्ण अंग पोलैण्ड पर क़ब्ज़ा कर लिया था। रूस बाहर और अन्दर, दोनों तरफ से विस्फोटित होने वाला था। तीन सौ साल का रोमानोव शासन अब ख़त्म होने वाला था।

रूस के गृहमन्त्री ख्वोस्तोव ने अपने कमरे में एक मदिरा की बोतल खोली, उसमें एक रसायन डाला, और एक कटोरी में रख कर अपनी बिल्ली को पिलाया। बिल्ली वहीं मर गयी।

उन्होंने अपने साथ बैठे मित्रों की तरफ देख कहा, 'रासपूतिन! तू अब ख़त्म!'

जिस समय रासपूतिन की हत्या की साज़िश चल रही थी, उस समय बोल्शेविक क्या कर रहे थे? अगर लेनिन को 1917 में कोई तख़्ता-पलट करना था, तो 1916 तक कोई मास्टर-प्लान तो मन में होगा? ज़ार, ज़ारीना या रासपूतिन पर किसी हमले की साजिश, या गाँव-गाँव घूम कर जनता को भड़काना? अगर हम भारत के आन्दोलनों से तुलना करें कि मंच लगा कर हज़ारों की भीड़ को उकसाया जाता है। रूस में तो ऐसा कुछ भी नहीं हो रहा था।

लेनिन जन-नेता बन कर नहीं उभरे थे। जैसे भारत में गाँधी, बोस, नेहरू, पटेल आदि को सुनने भीड़ उमड़ती थी, लेनिन ने तो जनता-मंच पर खड़े होकर अब तक कुछ बोला ही नहीं था। उनसे अधिक भाषण तो मज़दूरों के लीडर के रूप में त्रोत्सकी दे चुके थे, और उनके भाषण भी भड़काऊ और जोशीले होते थे। लेनिन लिख-पढ़ खूब रहे थे, गोष्ठियों की गुप्त योजनाएँ बनायी, यूराल के पहाड़ों में बोल्शेविकों का गढ़ बनाया, लेकिन ऐसी स्थिति नहीं थी कि रूस की सड़कों पर घूम जायें तो लोग 'लेनिन, लेनिन' चिल्लाने लगें। दस में से आठ लोग उन्हें शायद पहचानते भी न हों।

युद्ध की शुरुआत में लेनिन लगभग अकेले पड़ गये। उन्होंने युद्ध का विरोध किया था, जबकि अधिकांश क्रान्तिकारी और समाजवादी युद्ध के समय अपने देश के साथ थे। लेनिन को लगा कि वह ग़लत तो नहीं कर रहे? उन्होंने पुनः मार्क्स और हेगेल, दोनों को पढ़ना शुरू किया कि सही रास्ता क्या है। अगर अपना देश युद्ध लड़ रहा हो, तो क्या हमें सभी समस्याओं को भूल कर राजा का साथ देना चाहिए? अगर जर्मनी रूस पर कब्जा कर लेती है, तो यह देश के लिए अच्छा कैसे हो सकता है? लेनिन इस द्वन्द्व में थे। उनका अन्तिम निष्कर्ष यही रहा कि इस युद्ध में मरने वाले लाखों रूसी हैं, सभी संसाधन रूस के प्रयोग हो रहे हैं, देश आर्थिक संकट की ओर बढ़ रहा है। इसका विरोध किया ही जाना चाहिए।

1916 तक जो लोग लेनिन के विरोध में थे, वह उनसे सहमत होने लगे। न सिर्फ़ रूस में, बल्कि ऑस्ट्रिया या जर्मनी में भी समाजवादी अब युद्ध का अन्त चाहते थे। त्रोत्स्की जो पहले लेनिन-विरोधी मेन्शेविक खेमे में थे, वह भी लेनिन के साथ आ गये। कहीं न कही, लेनिन के इस 'इंस्टिंक्ट' ने साथ दिया कि पूरे युद्ध के दौरान उन्होंने अपना स्टैंड नहीं बदला। अब बोल्शेविक को धीरे-धीरे कुछ तवज्जो मिलने लगी थी, लेकिन अब भी इतनी औक़ात नहीं थी कि सभी समाजवादी या मार्क्सवादी उनकी बात मान लें, या उन्हें अपना नेता चुन लें। एक पंक्ति में कहूँ तो लेनिन रूस के पहले विकल्प नहीं थे, वह कतार में थे।

यूँ भी विकल्प का तो प्रश्न ही नहीं था। ज़ार निकोलस अब भी रूस के राजा थे और ज़ारीना रानी थी। वे अगर गद्दी त्याग भी देते, तो ड्यूमा 'संसद' था। चुनाव होते, प्रधानमन्त्री चुना जाता। उसमें लेनिन की पार्टी को कितने वोट मिलते, यह आगे स्पष्ट होगा। मगर, इतनी बात तो साफ हो ही गयी होगी कि रूस की समस्त जनता बोल्शेविकों के साथ तो क्या, उन्हें जानती भी नहीं थी। यह बातें इसलिए कहनी ज़रूरी लगी क्योंकि हम दुनिया की पहली और सबसे बड़ी मार्क्सवादी मॉडल जन-क्रान्ति की बात कर रहे हैं। एक मन में हौवा बना रहता है कि लाखों लोग क्रान्ति कर रहे होंगे, और लेनिन आगे झण्डा लिए या किसी टैंक या जीप पर खड़े हाथ हिलाते चल रहे होंगे। अगर ऐसी क्रान्ति देखनी है तो जब चीन के माओ आन्दोलन की बात होगी, तो शायद कुछ झलक दिखे। रूस तो फिलहाल प्रथम विश्व-युद्ध लड़ रहा था, और जनता तमाम नाराज़गियों के बावजूद काफी हद तक ज़ार के साथ ही खड़ी थी।

इसलिए जो लोग सीट-बैल्ट लगाये बैठे हैं कि अब धमाका होगा, वह सीट-बैल्ट खोल लें। ऐसा कुछ नहीं होने वाला। लेनिन की एंट्री बहुत बाद में होगी। यह क्रान्ति एक क्लाइमैक्स नहीं, बल्कि एक एंटी-क्लाइमैक्स था। इस क्रान्ति के एक्स-फैक्टर तो कुछ और ही लोग थे, जो इसमें षड्यन्त्रकारी रोमांच ला रहे थे। वही जाने-अनजाने लेनिन के लिए मंच भी सजा रहे थे।

रासपूतिन के हत्या की साजिशें आश्चर्यजनक रूप से असफल हो रही थी। इसका कारण रासपूतिन की साइबेरियाई हट्टी-कट्टी बनावट रही होगी। वह छुरा मारने पर बारम्बार बच गये। इलियोदोर द्वारा एक हमले में उन्होंने ही उलट कर पीट दिया था। इन सबके ऊपर थी उनकी सम्मोहक क्षमता। वह बारम्बार ईश्वर और बाइबल का नाम लेकर हमलावर को ज्ञान दे देते कि सन्त को मार कर पाप लगेगा। देश का गृह मन्त्री स्वयं हत्या की योजना बनाये, और हत्या न कर पाये तो क्या कहा जा सकता है?

अलैक्सी ख्वोस्तोव को रासपूतिन ने ही गृह मन्त्री के पद पर बिठाया था। उन्हें वह मोटू, बेवकूफ़ आदि विशेषणों से सम्बोधित करते, और ख्वोस्तोव चिढ़ जाते। ख्वोस्तोव ने इलियोदोर के साथ मिल कर एक फुल-प्रूफ़ योजना बनायी।

उन्होंने इलियोदोर को बुला कर कहा, 'एक खूबसूरत शाही महिला रासपूतिन को फ़ोन कर अपने बँगले पर बुलायेगी। हमारा आदमी ड्राइवर बन कर रासपूतिन को उसके आवास से पिक करेगा। वहाँ रासपूतिन के स्वागत में जो मदिरा होगी, उसमें जहर डाल देंगे।'

'मगर आप तो गृहमन्त्री हैं? अगर पता लगा तो हंगामा हो जायेगा। ज़ार आपको नहीं बख़्शेंगे।'

'और कोई रास्ता नहीं है। रासपूतिन कभी भी प्रधानमन्त्री बन सकता है। उसकी ताकतें बढ़ती जा रही हैं।'

गृह मन्त्री ऐसे विमर्श अपने कुछ अन्य मन्त्रियों के साथ भी कर चुके थे। उनमें से कुछ ने समझाया था कि आप गृहमन्त्री हैं, कोई माफ़िया नहीं कि हत्या की सुपारी देते फिरें। आख़िर गृहमन्त्री का भण्डाफोड़ इलियोदोर ने ही कर दिया, जब उन्होंने सीधे रासपूतिन को टेलीग्राम कर ख़बर कर दी। रासपूतिन को जब अपने सबसे बड़े शत्रु का टेलीग्राम आया तो उन्हें भरोसा नहीं हुआ। मगर एक-एक कर पत्ते खुलते गये, और गुप्तचरों ने गृहमन्त्री को धर लिया।

ज़ार उस समय फ्रंट से लौटे थे। उन्होंने गृहमन्त्री को बुला कर पूछा, 'यह युद्ध का समय है। हमें जनता की समस्याओं को समझना चाहिए। आप हत्या का प्लॉट बना रहे हैं?'

ख्वोस्तोव ने कहा, 'क्षमा चाहूँगा ज़ार! मगर हमें सूत्रों से ख़बर मिली है कि रासपूतिन जर्मनों और यहूदियों का एजेंट है।'

'अगर ऐसा है तो आप मुझे सबूत देते। हम सजा देते, न्याय करते।'

'लेकिन, ज़ारीना बुरा मान जाती। इसलिए हमें गुप्त रूप से यह करना पड़ा।'

'हमें नहीं, सिर्फ़ आपको। कोई भी और मन्त्री इस घिनौने षड्यन्त्र में शामिल नहीं।'

गृहमन्त्री को गिरफ़्तार कर लिया गया। इलियोदोर अमेरिका भाग गये, और वहाँ एक सन्त बन गये। अपने आखिरी दिनों में वह मैनहैटन में कहीं सफ़ाई कर्मचारी का काम करते देखे गये। ज़ार परिवार के दामाद फेलिक्स युसुपोव भी एक षड्यन्त्र कर रहे थे। उनकी पत्नी इरीना बहुत ख़ूबसूरत थी और रासपूतिन की उन पर नज़र थी। उन्हें मालूम था कि अगर वह बुलायेगी तो रासपूतिन भागे चले आयेंगे। मगर सवाल तो यह था कि युसुपोव ऐसी साजिश कर क्यों रहे थे? क्या वाकई रासपूतिन एक एजेंट थे?

5 जून, 1916 को ब्रिटेन का एक जहाज़ गुप्त मिशन पर निकला। फ़ील्ड मार्शल अर्ल किचनर सीधे ज़ार निकोलस से मिलने आ रहे थे। कहा जाता है कि उनके पास कुछ ख़ुफ़िया जानकारी थी कि रासपूतिन शत्रुओं से मिले हुए हैं। अभी जहाज़ रूस की ओर बढ़ ही रहा था कि एक धमाका हुआ, और किचनर सहित पूरा जहाज़ ख़त्म!

युसुपोव अपने संस्मरण में लिखते हैं– 'रासपूतिन और ज़ारीना सभी गुप्त जानकारियाँ और युद्ध की पूरी योजना जर्मनी भेज रहे थे। इसी कारण रूस हार रहा था। किचनर के जहाज़ विस्फोट की कोई और वजह हो ही नहीं सकती, क्योंकि यह टॉप-सीक्रेट था, जो सिर्फ़ ज़ार और उनके करीबियों को मालूम था।'[2]

वह आगे लिखते हैं– 'पेत्रोग्राद में रासपूतिन के घर में यहूदियों का आना-जाना था। बड़े यहूदी व्यवसायी रूबेनस्टाइन तो रासपूतिन से नियमित मिलते ही, सबसे बड़ी बात कि रासपूतिन का सचिव सिमानोविच ही यहूदी था। इसमें कोई शक नहीं कि रासपूतिन एक अन्तरराष्ट्रीय यहूदी साजिश के तहत ऑपरेट करता था।'

कट्टर दक्षिणपन्थी संगठन 'ब्लैक हंड्रेड' ने एक व्यंग्य नाटक का मंचन किया जिसमें रासपूतिन रूस में ईसाईयत ख़त्म कर देश यहूदियों के हवाले कर रहे थे।

जब 1916 में ओडेसा टाइम्स के एक पत्रकार ने रासपूतिन से यहूदियों के विषय में पूछा, तो उन्होंने कहा, 'यहूदी हमारी तरह ही ईश्वर की सन्तान हैं। इतिहास में उनका शोषण और दमन कर हमने अच्छा नहीं किया।'

इस साक्षात्कार के कुछ ही महीनों बाद रासपूतिन की हत्या कर दी गयी।

ज़ार निकोलस से सहानुभूति भी हो सकती है। वह विश्व-युद्ध के इकलौते ऐसे राजा थे, जो स्वयं सीमा पर कमान लेकर लड़ रहे थे। वह भले एक काबिल कमान्डर नहीं थे, किन्तु समर्पित तो थे। रूस की कमज़ोरियों के बावजूद जर्मन सेना पेत्रोग्राद या मॉस्को तक नहीं पहुँच सकी। इस मायने में रूस को सुरक्षित रखने में ज़ार कामयाब हुए। ज़ार सिर्फ़ जर्मनी से नहीं लड़ रहे थे। उनकी दूसरी लड़ाई थी उन तमाम बोल्शेविकों और समाजवादियों से, जो उनकी ज़ारशाही ख़त्म करना चाहते थे। उनके लोग सेना में विद्रोह के वातावरण बना रहे थे।

उनकी तीसरी लड़ाई थी अपने परिवार की समस्याओं से। तमाम आरोपों के बावजूद वह ज़ारीना अलेक्सांद्रा पर शक नहीं करते थे। यह बात सम्भवतः सत्य थी कि रासपूतिन और ज़ारीना में शारीरिक सम्बन्ध कभी बने ही नहीं। ज़ारीना एक धर्मनिष्ठ स्त्री थी, जो युवराज अलैक्सी के हीमाफेलिया के इलाज के लिए रासपूतिन पर भरोसा करती थी। यह बात 1916 में एक बार पुनः सिद्ध हुई, जब रासपूतिन ने युवराज का इलाज किया।

जब ज़ार अक्टूबर 1916 में अपनी माँ से मिलने कीव पहुँचे तो राजमाता ने समझाया, 'अपनी पत्नी को उस सनकी सन्त के जाल से हटाओ। उसे साइबेरिया भेजो या मरवाओ। अन्यथा हमारा सदियों का राज ख़त्म हो जायेगा।'

ज़ारीना ने इसे सास-बहू समस्या बताते हुए निकोलस को लिखा, 'राजमाता मुझे कभी पसन्द नहीं करती थी। जिस दिन तुम्हारे पिता की मृत्यु हुई, उसी दिन हमारी सगाई हुई। वह मुझे अपशकुन मानती रहीं। उनकी समस्या रासपूतिन से नहीं, मुझसे है। वह ताने मारती रहती हैं कि रूस की महारानी होकर मुझे अब तक रूसी भाषा नहीं आयी। मैंने प्रयास तो किया ही है।'

ज़ार की चौथी लड़ाई थी ड्यूमा 'संसद' से। युद्ध के दौरान उन्होंने पाँच बार प्रधानमन्त्री बदले, और कई बार मन्त्रिमण्डल। नेताओं में अधिकांश भ्रष्ट और यहूदी-विरोधी लोग थे। उनकी एक बेहतर योजना यह थी कि ज़ार को हटवा कर चुनावी लोकतन्त्र की स्थापना की जाये। ऐसा अगर वह कर पाते तो शायद रूस के लिए अच्छा होता।

1 नवम्बर, 1916 को रूस के उप-प्रधानमन्त्री मिल्युकोव ने संसद में एक भाषण दिया, जिसमें उन्होंने रासपूतिन को सभी समस्याओं की जड़ बताया। दो हफ़्ते बाद एक अन्य मन्त्री पुरिश्केविच ने संसद में कहा, 'अगर इस रासपूतिन का अन्त नहीं किया गया, तो रूस ख़त्म हो जायेगा। ज़ार ख़त्म हो जायेंगे। यह संसद ख़त्म हो जायेगा।'

उस समय संसद में जहाँ तालियाँ बज रही थीं, राजकुमार फेलिक्स युसुपोव सिर से पाँव तक काँप रहे थे। वह पुरिश्केविच से मिलने पहुँचे और कहा, 'सहमत हूँ। रासपूतिन की हत्या अब ज़रूरी है'

पुरिश्केविच ने कहा, 'राजकुमार! हत्या नहीं, कानूनी सजा'

'उसमें बहुत वक्त लगेगा।'

'रासपूतिन को मारने की तमाम कोशिशें नाकाम रही हैं। आपको तो ख़बर ही होगी। कौन मारेगा उसे?'

'वही, जो आपके सामने खड़ा है'

'आप अगर मारेंगे तो आपका क्या हश्र होगा, राजकुमार?'

'मैंने पूरी योजना बना ली है। मेरी पत्नी और मेरी माँ इसमें सहयोग दे रही है। कुछ और लोग भी हैं। मैंने ज़हर और बन्दूक, सभी इन्तज़ाम कर लिए हैं।'

'कहाँ मारेंगे, और लाश का क्या करेंगे?'

'अभी इतनी बर्फ़ जमी है कि लाश नदी में बर्फ़ के छेद से गिरायी जा सकती है। मैंने पेत्रोग्राद के बाहर दो जगह देख रखी हैं।'

'आप रासपूतिन से मिलेंगे कैसे?'

'मैं एक मरीज बन कर मिलूँगा। रासपूतिन से मेरी बात हो चुकी है। उसने कहा है कि वह मेरा इलाज करेगा। उसकी रुचि मेरी पत्नी के साथ सोने में है।'

'आप ख़ामख़ां इतना बड़ा रिस्क उठा रहे हैं। रासपूतिन को सिर्फ़ साइबेरिया भेजने से काम हो सकता है।'

'मन्त्री जी! आप इन बातों को नहीं समझेंगे। मैंने शामन तान्त्रिकों को क़रीब से देखा है। वे साधारण मनुष्य नहीं होते। अगर कोई आदमी रूस के

ज़ार परिवार को ही सम्मोहित कर चुका है, तो वह मुझसे या आपसे कहीं ऊपर की चीज़ है।'

'ठीक है। जब आपने इतनी योजना बना रखी है, तो तारीख भी सोच ही रखी होगी'

'ईश्वर ने चाहा तो 17 दिसम्बर की सुबह एक नये रूस का जन्म होगा।'

जो झाड़-फूँक, तन्त्र-मन्त्र में भरोसा नहीं भी करते, उनके लिए भी रासपूतिन कुछ असाधारण तो थे ही। साइबेरिया के एक किसान का राजमहल तक पहुँचना अपने-आप में एक अभूतपूर्व उपलब्धि थी। 4 दिसम्बर को जब ज़ार निकोलस आखिरी बार सपरिवार रासपूतिन से मिले तो ज़ार ने हमेशा की तरह आशीर्वाद माँगा। रासपूतिन ने कहा, 'आज मुझे आशीर्वाद की ज़रूरत है।'

उनके सचिव सिमानोविच अपने संस्मरण में लिखते हैं कि रासपूतिन ने उनसे कहा, 'इस वर्ष के अन्त तक मैं मारा जाऊँगा। अगर मेरे किसी किसान मित्र ने मुझे मारा तो ज़ारशाही कायम रहेगी। अगर किसी कुलीन वर्ग के व्यक्ति ने मारा तो अगले पच्चीस वर्ष तक रूस में वीभत्स हिंसा होती रहेगी। अगर किसी ज़ार परिवार के व्यक्ति ने मारा तो कुछ ही महीनों बाद ज़ार परिवार बुरी मौत मरेगा।'

16 दिसम्बर की सुबह रासपूतिन को टेलीफ़ोन आया, 'आज तुम मरने वाले हो'

दोपहर की डाक में हत्या की धमकियाँ आ गयी। रासपूतिन के लिए यह धमकियाँ आम थी, लेकिन वह एहतियातन घर में ही बन्द रहे। उन्होंने अपनी मित्र व्यूरोबोवा को कहा, 'रात को राजकुमार युसुपोव ने बुलाया है। राजकुमारी इरीना से मिलना है।'

व्यूरोबोवा महारानी की परिचारिका और दोस्त थी। उन्होंने जब महारानी से जिक्र किया, तो उन्होंने कहा, 'अच्छा? मगर इरीना तो क्रीमिया में है। तुम्हें कुछ और कहा होगा, या तुम्हें धोखा हुआ होगा।'

रात साढ़े दस बजे तक राजकुमार फेलिक्स ने अपने घर के इन्तज़ाम पुख़्ता कर लिए। ख़ूबसूरत कालीन बिछाये गये। मोमबत्तियों के साथ डिनर-टेबल सजाया गया। अलाव की लकड़ियाँ जलायी गयी। दूसरे कमरे में ग्रामोफ़ोन पर संगीत बजाया गया। वहीं किनारे एक मेज़ पर कुछ केक और मदिरा रखे गये, जिनमें पोटाशियम साइनायड का चूर्ण छिड़क दिया गया। ऊपर के कमरे में मन्त्री पुरिश्कोविच और कुछ अन्य कुलीन व्यक्ति बैठ कर रासपूतिन के मरने की प्रतीक्षा कर रहे थे।

ग्यारह बजे फेलिक्स रासपूतिन के घर उन्हें लेने गये, जहाँ वह पहले से तैयार बैठे थे। उनका लोभ तो राजकुमारी इरीना थी, जो उस समय पेत्रोग्राद में थी ही नहीं। घर पहुँचते ही रासपूतिन ने कहा, 'संगीत बज रहा है। कोई पार्टी चल रही है?'

फेलिक्स ने कहा, 'हाँ! इरीना अपने दोस्तों के साथ पार्टी कर रही है। थोड़ी देर में वे लोग चले जायेंगे'

'कोई बात नहीं। केक और मदिरा तो बड़े ही आकर्षक लग रहे हैं। मुझे भूख भी लगी है।'

रासपूतिन केक और शराब लेकर बैठ गये, और छक कर खाने लगे। फेलिक्स हैरान थे कि हो क्या रहा है। रासपूतिन सारा जहर पचा गये, और कुछ नहीं हुआ। उल्टे उन्होंने वायलिन उठा कर फेलिक्स को दिया, 'बच्चे! कुछ अच्छा बजा कर सुनाओ'

फेलिक्स जब वायलिन बजा कर सुना रहे थे तो रासपूतिन झूमते हुए उनके पास आये और कहा, 'तुम सारे लोग मुझे नहीं मार सकते। मुझे या किसी को भी सिर्फ़ ईश्वर ही मार सकते हैं।'

फेलिक्स यह सुन कर हड़बड़ा गये और कहा, 'मैं एक मिनट इरीना को देख कर आता हूँ। शायद उनकी पार्टी ख़त्म हो गयी हो'

उन्होंने ऊपर जाकर मित्रों से कहा, 'यह ज़हर तो नाकाम रहा। अब?'

उनके मित्र दमित्री ने अपनी जेब से रिवॉल्वर निकाल कर मेज पर रख दी। फेलिक्स वह रिवॉल्वर लेकर नीचे आये और रासपूतिन से कहा, 'रासपूतिन! ईश्वर की तरफ देखो। वह अब तुम्हें बुला रहे हैं'

और फेलिक्स ने गोली चला दी। उनके मित्र ऊपर से भागे आये तो देखा रासपूतिन मर चुके हैं। नब्ज़ जाँची गयी, धड़कनें बन्द थी। वे सभी एक-दूसरे को मुबारकबाद देने लगे। उनके पड़ोसी राजकुमार भी गोलियों की आवाज़ सुन कर पहुँच गये थे। तभी उन्होंने देखा कि रासपूतिन की लाश गायब है।

रासपूतिन ख़ून से लथ-पथ बाहर बर्फ़ में लड़खड़ाते चल रहे थे। राजकुमार फेलिक्स दौड़ते हुए उनकी ओर भागे, और दो गोलियाँ दाग दीं। अन्ततः दर्जनों प्रयासों के बाद रासपूतिन सदा के लिए मर गये।

सभी एक साथ चिल्लाये– 'रूस की जय हो!'

वे जश्न मनाने वाले नहीं जानते थे कि कुछ ही महीनों बाद इस रूस में उन्हें दो गज ज़मीन भी नसीब नहीं होगी। यह रोमानोव वंश, सभी रूसी राजकुमारों और सामन्तों का आख़िरी दिसम्बर था।

रासपूतिन की मृत्यु एक 'टर्निंग प्वाइंट' थी। क्रान्ति की सुगबुगाहट तो लम्बे समय से थी, मगर कोई क्रान्ति हो नहीं रही थी। बीच राजधानी में ज़ार परिवार के सबसे क़रीबी व्यक्ति को गोली मार देना एक खतरे की घण्टी थी। रासपूतिन के रूप में जैसे सत्तासीन ज़ारीना की आँख फोड़ दी गयी, और उन्हें कुछ भी दिखाई देना बन्द हो गया। पागलपन की हद यह थी कि गृह मन्त्री प्रोतोपोव कहने लगे कि रासपूतिन की आत्मा उनके अन्दर प्रवेश कर गयी है। वह अफ़ीम में डूबी ज़ारीना को भरोसा दिलाने के लिए रासपूतिन की तरह चलने और बोलने भी लगे!

लेकिन, इस फंतासी दुनिया के इतर भी क्रान्ति होना तय था। क्रान्ति का कारण?

पहला कारण तो युद्ध ही था, जिसमें पचास लाख मौतें हो चुकी थी। सेना अपना मनोबल खो रही थी। पेत्रोग्राद में किसी भी विद्रोह को दबाने के लिए ढाई लाख फौजी तैनात थे, लेकिन माहौल यूँ बन रहा था कि ये फौजी स्वयं विद्रोही बन जायेंगे।

एक मन्त्री ने कहा, 'बारूद के ढेर पर तो एक ही तीली काफ़ी है। यहाँ तो तीलियाँ-ही-तीलियाँ बिछा रखी हैं।'

रूस में उस वर्ष कड़ाके की ठण्ड पड़ रही थी। बर्फ़ जमने के कारण यातायात ठप पड़ रहा था। शहरों में अनाज पहुँच नहीं पा रहा था, और महँगाई बढ़ती जा रही थी। ब्रेड की कीमत पाँच गुणा बढ़ गयी थी, वहीं दवाओं की कीमत सौ गुना तक बढ़ गयी थी। आत्महत्या की दर तिगुनी हो गयी थी, जिनमें अधिकांश युवक थे, जिन्हें ज़बरदस्ती सीमा पर भेजा जा रहा था।

ज़ार की गुप्तचर एजेंसी ओखाना ने गृहमन्त्री को चेताया,

'आपको समाजवादियों और बोल्शेविकों से ख़तरा नहीं। ख़तरा है यहाँ की जनता से। वह अब चुप नहीं बैठेगी।'

जले पर नमक यह कि युद्ध के दौरान रूस में वोदका पर पाबन्दी लगा दी गयी थी। सर्वहारा का यही प्रिय पेय था। जबकि वाइन और शैम्पेन पर पाबन्दी नहीं थी, जो रईस ही एफॉर्ड कर पाते थे। रईस पार्टियाँ कर रहे होते, और उनकी इस अय्याशी को देख जनता का खून खौल रहा था।

ब्रिटेन के राजदूत ने जनवरी, 1917 में लन्दन चिट्ठी भेजी, 'यहाँ का माहौल देख कर लग रहा है कि जनता ज़ार और ज़ारीना की हत्या कर देगी'

ज़ार की हत्या का षड्यन्त्र तो कुलीन वर्ग भी कर रही थी। रासपूतिन को गोली किसी सर्वहारा वर्ग के व्यक्ति ने नहीं, एक राजकुमार ने मारी थी। वे कह रहे थे, 'इस राजशाही का अन्त एक राजशाही द्वारा ही सम्भव है'

वहीं दूर ज़्यूरिख़ में बैठे लेनिन अपनी सबसे महत्त्वपूर्ण किताब पूरी कर रहे थे। शीर्षक था– 'साम्राज्यवाद: पूँजीवाद की सबसे ऊँची सीढ़ी'। उनको रूस की पूरी ख़बर नहीं थी कि वहाँ क्या चल रहा है। वह अक्सर कहते, 'क्रान्तिकारी किसी क्रान्ति की प्रतीक्षा नहीं करते, वे स्वयं क्रान्ति का निर्माण करते हैं'

प्रश्न यह था कि क्रान्ति का निर्माण कौन करेगा। फौजी? सर्वहारा? कुलीन वर्ग? या लेनिन सरीखे साम्यवादी?

उत्तर इनमें से कोई नहीं था। रूस की क्रान्ति एक ऐसे वर्ग ने शुरू किया, जिसके विषय में किसी ने सोचा ही नहीं था। इस वर्ग ने आज तक अपने दम पर कभी क्रान्ति की ही नहीं थी। रूस जैसे देश में, सदियों की ज़ारशाही यह वर्ग ख़त्म कर देगी, यह अकल्पनीय था।

यह वर्ग था शहरी मज़दूर वर्ग। उस मज़दूर वर्ग का भी वह हिस्सा जो दस घण्टे फ़ैक्ट्री में काम कर रोज़ चार घण्टे ब्रेड की लाइन में लगा करती थी, और फिर घर पहुँच कर बच्चों के लिए खाना बनाया करती थी। समाज का वह अंग जिसने न सिर्फ़ रूस में, बल्कि युद्ध लड़ रहे हर यूरोपीय देश में घरेलू अर्थव्यवस्था की कमान सम्भाल रखी थी। जो गाँवों और बन्द घरों से निकल कर कारख़ानों में पसीना बहा रही थी, जब उनके परिवार के लोग सीमा पर लड़ रहे थे। यह बात इतिहास में दर्ज तो है ही, इसे ज़ोर-ए-कलम से बारम्बार कहना चाहिए कि रूस की फरवरी क्रान्ति लेनिन ने नहीं शुरू की, यह शुरू किया वहाँ की स्त्रियों ने!

टिप्पणी

1. सम्भवत: भारत से अधिक निकट होने के कारण स्लाव भाषायें संस्कृत से निकट हैं। जैसे संस्कृत का नभ (आकाश) रूसी में नेब, द्वार शब्द रूसी में द्वेर है। किलाबन्दी वाले शहरों को जहाँ रूस में 'ग्राद' (लेनिनग्राद, स्टालिनग्राद) लगाते हैं, वही भारत में कुम्भालगढ़, चित्तौड़गढ़ हो जाता है। यहाँ तक कि रूस का मशहूर पेय 'वोदका' वैदिक कालीन शब्द 'उदक' से मिलता है, जिसका अर्थ जल या तरल द्रव्य है।
2. यसपोव, फ़ीलिक्स, लोस्ट स्प्लेंडर: द अमेज़िंग मेम्वार्ज़ ऑफ़ द मैन हू किल्ड रासपूतिन, टर्टल पॉट प्रेस, 2003

चित्र 6 : ग्रिगोरी रासपूतिन, विकिमेडिया कामंज़

क्रान्ति

क्रान्ति चाहे फ्रांस में हो या रूस में। चाहे अठारहवीं सदी में हो या बीसवीं सदी में। सबकी जड़ में एक अदना 'ब्रेड' ही था। इतिहास स्वयं को दोहरा रहा था। उस समय फ्रांस की रानी मैरी अन्त्वानेत का बदनाम कथन था– 'ब्रेड नहीं है तो केक क्यों नहीं खाते?' 'जो उन्होंने शायद कभी कहा नहीं'; अब रूस की ज़ारीना कुछ ऐसा ही कह रही थी।

यह रूस की फरवरी थी। यहाँ यह स्पष्ट कर देना ठीक रहेगा कि रूस का 'यूलियन' कैलेंडर वर्तमान अंग्रेज़ी 'ग्रेगरियन' कैलेंडर से दो हफ़्ते पीछे था। यानी, 'फरवरी क्रान्ति' दरअसल अंग्रेज़ी दुनिया के मार्च में हुई। मैं आगे अंग्रेज़ी तारीख के हिसाब से ही चर्चा करूँगा।

ज़ार निकोलस ने फरवरी के महीने में एक चिट्ठी अपने रिश्ते में भाई ब्रिटेन के राजा जॉर्ज पंचम को लिखी, 'हमारी रेलवे की हालत खस्ता है। युद्ध ख़त्म होते ही इसे सुधारना होगा। मैं प्रयास कर रहा हूँ कि जनता तक राशन पहुँचे, लेकिन ट्रेन ही इस बर्फ़ में नहीं पहुँच पा रही।'

4 मार्च को पेत्रोग्राद में अफ़वाह फैल गयी कि ब्रेड में कटौती होने वाली है। फ़ैक्ट्री से थक-हार कर जब महिलायें बेकरी की लाइन में लगी, तो वहाँ लूट मची थी। लोग शीशे तोड़ कर बेकरी लूट कर भाग रहे थे। पैसे देकर भी ब्रेड हाथ नहीं लग पा रहा था। अब वे खुद क्या खाती, बच्चों को क्या खिलाती? ज़ार उस समय वहीं राजधानी में थे, लेकिन उन्हें युद्ध की चिन्ता थी। उन्होंने कहा कि ज़ारीना और गृहमन्त्री यह मसला सम्भाल लेंगे। वह स्वयं ट्रेन में बैठ कर सीमा की ओर निकल गये।

8 मार्च को कई दिनों बाद धूप खिली थी। महिलायें रोज़ की तरह काम पर आयी, लेकिन उस दिन उन्होंने एक समूह बना कर 'अन्तरराष्ट्रीय महिला दिवस' की रैली निकालने का निर्णय लिया। शुरुआत छोटे समूहों से हुआ, मगर जैसे-जैसे वे 'हमें ब्रेड चाहिए' का नारा लगाती बढ़ने लगी, क़ाफ़िला बढ़ता गया।

उस समय एक इंजीनियरिंग कम्पनी में काम कर रहे पुरुष का संस्मरण है, 'महिलायें फौजियों की तरह सीना ताने बुलन्द आवाज़ में नारे लगा रही थी, और हम फ़ैक्ट्री में रोज की तरह काम कर रहे थे। उन्होंने खिड़की से आवाज दी– मर्दों! बाहर निकलो! सड़क पर आओ! वरना भूखे मरोगे।'

जब पुरुषों ने देखा कि हज़ारों की तादाद में महिलाओं ने कमान सम्भाल ली है, तो उनका भी स्वाभिमान जागा और एक-एक कर अपना काम-धन्धा छोड़ सड़क पर जमा होने लगे। शाम तक एक लाख लोग पेत्रोग्राद की सड़कों पर चिल्ला रहे थे– 'हमें भूखा मत मारो! ज़ारशाही ख़त्म करो'

अगले दिन यह भीड़ ढाई लाख तक पहुँच गयी, जिसमें महिलाओं ने अगली पंक्ति सम्भाल ली थी। वहीं कुछ युवक मैक्सिम गोर्की का नाटक 'नीचा नगर' (लोवर डेप्थ्स) खेलने लगे। कुछ समाजवादी मिज़ाज के लोग पत्थर पर खड़े होकर भाषण देने लगे। यह एक राजनीतिक नहीं, स्वतःस्फूर्त क्रान्ति थी। यह और बात है कि हर जन-क्रान्ति की तरह यहाँ भी राजनीति वाले बाद में मलाई काटने आये।

ज़ारीना जो स्वयं एक स्त्री थी, उन्होंने इस आन्दोलन के विषय में ज़ार को चिट्ठी भेजी, 'कुछ गुण्डे-मवालियों का आन्दोलन है। झूठ फैला रहे हैं कि ब्रेड ख़त्म हो जायेगा। अभी ठण्ड बढ़ेगी, सब तितर-बितर हो जायेंगे।'

ड्यूमा के अध्यक्ष रॉडजियांको ने ज़ार को यथास्थिति लिखा, 'प्रशासन पूरी तरह पंगु हो चुका है। जनता का भरोसा टूट गया है। आप जल्द किसी काबिल व्यक्ति को नियुक्त करें जो जनता को मना सके।'

ज़ार ने उत्तर दिया, 'ज़ारीना ने बताया कि कुछ गुण्डे हैं। इनका एक ही इलाज है। कोसैक गार्ड डण्डे लगायेंगे, सब ठीक हो जायेंगे। मैं ड्यूमा को ख़त्म कर रहा हूँ और कमान अपने हाथ में ले रहा हूँ।'

रूसी गार्ड भीड़ के दमन के लिए निकले तो महिलायें उनके सामने मज़बूती से खड़ी हो गयी, और बन्दूक की नोक अपनी छाती पर लगाते हुए कहा, 'चलाओ गोली! मार डालो हमें!'

यह एक ऐसा पल था, जिसने सिपाहियों की अन्तरात्मा हिला कर रख दी। जैसे मैक्सिम गोर्की के उपन्यास 'मदर' की माँ निलोवना और उसका क्रान्तिकारी बेटा पावलो आमने-सामने आ गये हों। भला एक सिपाही अपनी माँ पर गोली कैसे चलाये?

एक कमान्डर सिपाहियों पर चिल्लाये, 'देख क्या रहे हो? चलाओ गोली'

उस सिपाही ने एक नज़र सामने खड़ी स्त्रियों को देखा और फिर

बन्दूक कमान्डर की ओर घुमा कर उनके सीने में गोली उतार दी। यह गोली ज़ारशाही की ताबूत में आख़िरी कील थी। 13 मार्च को ज़ार निकोलस स्थिति नियन्त्रित करने के लिए वापसी की ट्रेन में बैठे, लेकिन जो ट्रेन जनता के लिए अनाज नहीं पहुँचा सकी, वह ज़ार को वापस गद्दी तक भी नहीं पहुँचा सकी। रोमानोव वंश के शासन का अन्त उस ट्रेन में ही हो गया। तीन सौ साल की ज़ारशाही पाँच दिन के महिला जनित आन्दोलन के सामने नहीं टिक सकी।

ज़्यूरिख़ के अपने आवास में लेनिन कोट डाल कर पुस्तकालय जा रहे थे, जब एक ब्रोंस्की नामक युवक उनके पास भागे हुए आये, 'कॉमरेड! आपने आज की ख़बर पढ़ी?'

ज़ार सपरिवार रूस से भाग सकते थे। गृहमन्त्री का भी यही सुझाव था। अगर भाग जाते, तो कम-से-कम उनके परिवार के लिए अच्छा होता। क्रान्तियों का यही इतिहास रहा है कि शासक भाग गये या मारे गये। रूस के ज़ार और ज़ारीना जैसे किसी और ही दुनिया में थे।

पेत्रोग्राद में भीड़ बेकाबू हो चुकी थी। पुलिस वालों को दौड़ा कर मारा जा रहा था। गुप्तचर एजेंसी ओख्रानो के मुख्यालय को जलाया जा रहा था। जो सिपाही विद्रोह कर चुके थे, वे ज़ार-समर्थक अफ़सरों को ढूँढ़-ढूँढ़कर मार रहे थे। ड्यूमा के सभी सदस्यों ने अपना इस्तीफ़ा जमा किया, और जान बचा कर भाग गये। इन सबके बावजूद ज़ारीना महल में अपनी राजकुमारियों के साथ बैठी ज़ार का इन्तज़ार कर रही थी। उनके भागने के इन्तज़ाम थे, फिर भी वह किसी स्वप्न में जी रही थी। राजकुमारियों को खसरा (measles) बीमारी हो गयी थी, तो वे भागने की हालत में नहीं थी।

13 मार्च को सुबह ज़ार निकोलस स्तावका सीमा से शाही ट्रेन पर बैठ कर अपने राजमहल के लिए निकले। पेत्रोग्राद से सौ मील दूर उनके ट्रेन को आन्दोलनकारियों ने रोक दिया। उनकी ट्रेन रास्ता बदल कर अगले दिन स्कोव में रुकी। वहाँ उनसे मिलने डड्ूमा के सदस्य पहुँचे।

ज़ार ने पूछा, 'अब क्या रास्ता है?'

'हमने एक नयी सरकार का गठन किया है। आपके लिए एक ही रास्ता है। आपको अपनी गद्दी छोड़नी होगी।'

'ठीक है, जैसा आप लोग ठीक समझें।'

'आप अपनी गद्दी युवराज अलैक्सी या अपने भाई राजकुमार मिखाइल के नाम कर सकते हैं।'

'नहीं। अलैक्सी नहीं। यह बात हमने अब तक किसी को बतायी नहीं थी। युवराज को एक गम्भीर बीमारी है– हीमोफीलिया। वह अधिक वर्ष नहीं जीयेंगे। मैं अपने परिवार को इस गद्दी से सदा के लिए मुक्त करता हूँ।'

ज़ार ने एक पत्र पर हस्ताक्षर किया, जिसमें भारी-भरकम शब्दों में लिखा था कि जनहित में वह अपने पद को त्याग रहे हैं। हालाँकि एक निजी डायरी में उन्होंने लिखा 'हर तरफ़ है कायरता, छल, धोखा'। उसके बाद वह आख़िरी बार सेना को अलविदा करने सीमा तक गये।

उन्हें लगभग गिरफ़्तार कर राजमहल लाया गया, जहाँ अब कोई सलाम ठोकने वाला नहीं था। उल्टे उनकी तलाशी ली गयी, और उन्हें सपरिवार नज़रबन्द कर दिया गया। उन्हें अब नये नाम से बुलाया जा रहा था– 'कर्नल निकोलस रोमानोव', जो उनके सेना कमान्डर पद के कारण था। ख़ैर, उन्हें यह ख़ुशी थी कि वह परिवार के साथ हैं, और उम्मीद थी कि उन्हें किसी दूसरे देश या सुदूर इलाके में प्रवासित कर दिया जायेगा।

राजकुमार मिखाइल को ज़ार बनाया गया, मगर उन्होंने माहौल देखते हुए आधे दिन में ही पद छोड़ दिया। अब ज़ारशाही पूरी तरह ख़त्म हो चुकी थी और एक अस्थायी सरकार हड़बड़ी में बन गयी थी। एक नहीं, बल्कि दो सरकारें। पहली सरकार जो संसद में बैठी थी, वह नाममात्र की थी। असल सरकार बनी थी 'सोवियत', जो तमाम मज़दूरों और कर्मियों की सरकार थी। इस पर समाजवादियों का क़ब्ज़ा था, और इनके आदेश ही सिपाही मान रहे थे। इनके नुमाइन्दे और समाजवादी वकील केरेन्स्की ने आख़िर दोनों सरकारों के मध्य पुल का निर्माण किया।

ज़ार राजकुमारियों के निजी शिक्षक अपने संस्मरण में लिखते हैं,

> *'गद्दी छोड़ने के बाद ज़ार निकोलस बड़े ही निश्चिन्त लग रहे थे। उनके मुख-मुद्रा से यह नहीं लगता कि उनकी देश छोड़ कर भागने में कोई रुचि है। वह पहली बार अपने महल की सीढ़ियों पर किताब लिए बैठे दिखे। मैंने करीब जाकर देखा तो उनके हाथ में लियो टॉलस्टॉय की किताब थी– युद्ध और शान्ति* (War and Peace)

कर्नल निकोलस रोमानोव को शायद यह आशंका नहीं थी कि उनके परिवार को इतिहास की सबसे निर्मम मौतों में से एक मिलेगी।

क्रान्ति और अराजकता पर्याय बन जाते हैं। चाहे कोई भी उदाहरण उठा लें। हालाँकि अराजकता बुरी नहीं है। दुनिया के दो शीर्ष अराजकतावादियों

'अनार्किस्ट' में गाँधी और टॉलस्टॉय का नाम लिया जाता है। लेकिन, एक अराजक क्रान्ति को भी मार्गदर्शन और नेतृत्व की ज़रूरत होती है। रूस की फ़रवरी क्रान्ति का कोई चेहरा ही नहीं था।

एक इतिहासकार लिखते हैं, 'अगर फरवरी क्रान्ति की कोई मूर्ति स्थापित करनी हो, तो वह एक किसान फौजी का होगा, जिसका कोई नाम न होगा'

भीड़ में कहीं कोई समाजवादी नेता या इक्के-दुक्के बोल्शेविक भी रहे होंगे, लेकिन वे स्वयं भी इसका क्रेडिट नहीं लेते। उस समय पेत्रोग्राद के एक बोल्शेविक नेता लिखते हैं, 'सच तो यह है कि हम उस वक़्त बहुत ही कमज़ोर थे। हमारे अधिकांश नेता प्रवास में थे, कुल सदस्य ही लगभग तीन हज़ार थे और हमारे पास धन भी नहीं था'।

ज़ारशाही के अन्त के बाद एक ढंग का प्रधानमन्त्री नहीं मिल रहा था। आनन-फानन में बनी अन्तरिम सरकार के पहले प्रधानमन्त्री शाही ख़ानदान से ताल्लुक़ रखने वाले राजकुमार ल्योव थे। अगर राजा को हटा कर राजा ही चुनना था, तो निकोलस में क्या बुराई थी?

यहाँ केरेंस्की का ज़िक्र ज़रूरी है, क्योंकि उन्हें इतिहास में कम जगह मिलती है। वह रूस के गाँधी तो नहीं, नेहरू बन सकते थे। वह लोकतान्त्रिक समाजवादी थे, जो **संसद** में रह कर लम्बे समय से सामन्तवाद और ज़ारशाही का विरोध करते रहे थे। वह ऐसे वकील थे, जो क्रान्तिकारियों और किसानों का मुक़दमा लड़ते थे। अन्तरिम सरकार में वह पहले क़ानून मन्त्री बने, फिर युद्ध मन्त्री बने, और उसके बाद प्रधानमन्त्री। उनके भावरंजित भाषणों को सुनने भीड़ जुटती थी, और वह रूस को पुनः रास्ते पर ला रहे थे। सम्भव है कि वह रूस में लोकतन्त्र ले आते। सत्ता में आते ही केरेंस्की ज़ार निकोलस से मिलने गये।

उन्होंने कहा, 'आप और अलेक्सांद्रा रोमानोव पर मुकदमा चलाया जायेगा'

ज़ार ने कहा, 'मुझे स्वीकार है, लेकिन मेरी पत्नी के ख़िलाफ़ क्या सबूत है? सभी हस्ताक्षर तो मेरे ही होते थे। वह सिर्फ़ मेरे आदेश को आगे बढ़ाती थी।'

'कर्नल निकोलस! यह बात तो कचहरी में ही तय होगी'

उसके बाद उन्होंने अपने ऑफिस में कुछ गुप्तचरों को बुलाया और कहा, 'एक काम अभी सबसे अधिक ज़रूरी है। हमें रासपूतिन की क़ब्र तलाशनी होगी। अन्यथा, ये सन्त मरने के बाद भी अमर हो जाते हैं।'

'हमें ख़बर मिली है कि राजमहल के पीछे जंगल में एक नया गिरजाघर बना है, जहाँ ज़ारीना को जाते देखा गया था। रासपूतिन की कब्र जरूर वहीं होगी।'

'ठीक है! उसे वहाँ से निकालो और कहीं जाकर जला डालो। रासपूतिन का नाम-ओ-निशां इस देश से मिटा दो'

अगले ही दिन रासपूतिन को कब्र से निकाला गया। उस ऑपरेशन में शामिल एक व्यक्ति कुपचिंस्की ने लिखा है[1],

'रासपूतिन मरने के बाद भी यूँ लगता था कि अभी बोल पड़ेगा। बर्फ़ के कारण उसका शरीर गला नहीं था, और उसकी लम्बी उँगलियाँ ज्यों-की-त्यों थीं। इतना भारी-भरकम शरीर था कि उस बर्फ़ीली ठण्ड में चोरी-छुपे जलाने में हमें घण्टों लग गये। मैं जब अगले दिन उस स्थान पर लौटा तो कोई पेड़ पर बोर्ड टाँग गया था– उस कुत्ते की राख यहीं गिरी है'

इस क्रियाकर्म के बाद केरेंस्की की अब अगली रणनीति थी रूस को युद्ध में विजय दिलाना। प्रथम विश्व युद्ध का यह चौथा साल था, और जर्मनी की रसद घटने लगी थी। युद्ध में अमेरिका नामक नये खिलाड़ी की 'वाइल्ड एंट्री' हो रही थी। केसर विलियम को अब इंग्लैंड, अमरीका, और रूस, तीनों से लड़ना था। केसर ने इनमें से एक को निपटाने की तरक़ीब निकाल ली।

विंस्टन चर्चिल ने अपनी पुस्तक 'द वर्ल्ड क्राइसिस' में लिखा है[2]–

'जर्मनी ने रूस पर अपने सबसे भयानक अस्त्र से हमला किया। स्विट्ज़रलैण्ड से बन्द (sealed) ट्रेन में एक प्लेग जैसा जीवाणु रूस भेज दिया, जिसका नाम था– लेनिन'

लेनिन से पहले भी क्रान्तियाँ हुईं थीं, लेकिन जो क्रान्तियाँ लेनिन के बाद हुई, उनमें अधिकांश पर लेनिन का प्रभाव रहा। कार्ल भार्क्स ने सिद्धान्त दिये, मगर उसका प्रयोग लेनिन ने ही किया। अगर क्रान्ति के दस्तावेज़ के लिए नोबेल मिलता तो कार्ल मार्क्स को मिलता, और अगर उसके पेटेंट की रॉयल्टी मिलती तो शायद लेनिन को मिलती। यहाँ कुछ देर सुस्ता कर यह भी समझ लेना ज़रूरी है कि मार्क्स की थ्योरी क्या थी, जिसका प्रैक्टिकल लेनिन करने जा रहे थे। 'कम्युनिस्ट मैनिफ़ेस्टो' आखिर है क्या?

इस पतले पैम्फ्लेट में मार्क्स ने बहुत ही सहजता से समझाया है कि दुनिया में वर्ग-संघर्ष सदा से रहा है। पहले राजा, ज़मींदार और उनके दास होते थे। जब औद्योगिक क्रान्ति हुई, तो एक नये बुर्ज़ुआ वर्ग का जन्म हुआ जो पूँजीपति थे। मार्क्स मानते थे कि धीरे-धीरे ये पूँजीपति राजाओं की जगह

ले लेंगे और वही राज करने लगेंगे। गद्दी पर चाहे कोई भी बैठा हो, राज उन्हीं का होगा। दास के स्थान पर कारख़ानों में पसीने बहाने वाले मज़दूर आ जायेंगे।[3] ये पूँजीपति धीरे-धीरे पूरी दुनिया के राजा होंगे, और मज़दूर पूरी दुनिया के गुलाम। पारिवारिक मूल्य कमज़ोर पड़ते जायेंगे। लोग गाँव से शहर पलायित होते जायेंगे। सम्प्रभु राष्ट्र की परिभाषा धीरे-धीरे मिटती जायेगी और 'ग्लोबल इकॉनॉमी' हो जायेगी। पूँजी ही दुनिया को नचायेगी। इस तरह दुनिया मूलतः दो फाँकों में बँट जायेगी– बुर्जुआ और सर्वहारा।

अगर बुर्जुआ वर्ग इस संघर्ष को कम नहीं करते तो सर्वहारा को एक होकर तख़्ता-पलट करना होगा। राजनैतिक सत्ता अपने हाथ में लेनी होगी। उद्योगों की कमान लेनी होगी। अन्यथा वे पिसते चले जायेंगे। अगर वह ये हासिल कर लेते हैं तो वर्ग-संघर्ष स्वतः घटता चला जायेगा। उस समय भी किसी न किसी की सत्ता तो होगी ही, लेकिन एक वर्ग के रूप में उनका प्रभुत्व नहीं होगा।

यह तो हुई थ्योरी, मगर इसका प्रैक्टिकल कैसे हो? मार्क्स के जीते-जी तो यह नहीं हो सका। मार्क्स को यह उम्मीद थी कि बुर्जुआ स्वयं वर्ग-संघर्ष घटाने की चेष्टा करेंगे, वे सर्वहारा को बेहतर वेतन और सुविधाएँ देंगे। ऐसा न करने की स्थिति में ही सर्वहारा क्रान्ति करेंगे।

1880 में फ्रांस के मार्क्सवादी नेता यूल्स गुएसे लन्दन में मार्क्स से भिड़ गये, 'आप बुर्जुआ से सुधार की उम्मीद कर रहे हैं? आप चाहते हैं कि मज़दूरों को वे कुछ लालच दे दें, और मज़दूर क्रान्ति ही न करें?'

'मैं यह चाहता हूँ कि हम पहले इस ढाँचे में रह कर ही बदलाव लाने का प्रयास करें।'

'लेकिन, यह आपका मार्क्सवाद तो नहीं। मार्क्सवाद तो यह कहता है कि सर्वहारा को क्रान्ति कर सत्ता अपने हाथ में लेनी है।'

कार्ल मार्क्स ने कहा, 'अगर आप यही समझ सके हैं, तो मैं एक ही बात कह सकता हूँ कि कम-से-कम मैं स्वयं एक मार्क्सवादी नहीं!' 'मूल– ce qu'il y a de certain c'est que moi, je ne suis pas Marxiste)[4]

मार्क्स को समझने के लिए इस वार्तालाप पर अपने-अपने ढंग से ध्यान देने की ज़रूरत है। यह बात आगे और खुल कर कहूँगा कि लेनिन जैसे 'मार्क्सवादियों' ने मार्क्स के किस स्टेप को अपनी सहूलियत से कब और कैसे बायपास किया। लेनिन ने साम-दाम-दण्ड-भेद सभी अपनाये। जिस दिन उन्हें ख़बर मिली कि रूस में क्रान्ति हो गयी, ज़ारशाही ख़त्म हो गयी, उनका दिमाग कुलबुलाने लगा।

उन्होंने नॉर्वे के अपने एक बोल्शेविक मित्र को ख़बर भेजी,

'तुम लोग इस नयी सरकार को मान्यता मत देना। एक राजा को हटा कर भ्रष्ट बुर्जुआ और सामन्तों की सरकार बन गयी है। यह कोई हल नहीं है। केरेंस्की जैसे समाजवादी तो कहीं भी अपने फायदे के लिए चले जाते हैं। उस पर मुझे भरोसा नहीं।'

6 मार्च, 1917 को स्विट्ज़रलैण्ड के एक केफ़े में लेनिन ने अपने तमाम समर्थकों और विरोधियों को बुलाया। बोल्शेविक, मेन्शेविक, समाजवादी सभी वर्षों बाद एक साथ बैठे थे। उस मीटिंग में मौजूद एक समाजवादी ने लिखा है, 'लेनिन उत्साहित और क्रोधित नज़र आ रहे थे। वह तेज कदमों से कमरे में चक्कर लगाते हुए मुट्ठी भींचते हुए कह रहे थे– चाहे जो भी करना पड़े, हमें रूस पहुँचना होगा। कमान हाथ में लेनी ही होगी।'

'चाहे जो भी करना पड़े' का अर्थ था– चाहे जर्मनों से हाथ मिलाना पड़े। एक ऐसे राजा से, जो युद्ध में रूस के शत्रु थे। एक ऐसी राजशाही से, जिसके ख़िलाफ़ क्रान्ति करना कार्ल मार्क्स का ख़्वाब था। जैसे युद्ध और प्रेम में सब वाजिब है, क्रान्ति में भी सब वाज़िब है। जयप्रकाश नारायण पर पुस्तक में मैंने ज़िक्र किया कि कैसे जनसंघ से सहयोग लेने पर उनसे तमाम कम्युनिस्ट और समाजवादी भड़क गये।[5] भड़कना राजनैतिक रूप से उचित भी था। दक्षिण-वाम की भला कैसी जोड़ी? लेकिन, मार्क्सवाद के पुरोधा लेनिन का विश्व-पटल पर विमोचन ही घोर दक्षिणपन्थियों ने किया था। क्रान्ति के निर्माण में ऐसी परिस्थितियाँ बन जाती हैं।

जर्मन सेना के कमान्डर हॉफमैन की चिन्ता थी कि अमरीका युद्ध में आ रहा था, और अगर वह रूस के साथ मिल कर लड़ता तो न जाने क्या होता। डेनमार्क में जर्मनी के राजदूत ने एक योजना बनायी। उन्होंने विदेश मन्त्रालय को लिखा, 'रूस की क्रान्ति एक सही अवसर है कि हम वहाँ गड़बड़ी फैला दें, और किसी को कानों-कान ख़बर न हो। हमें चरमपंथियों को रूस भेजना होगा, जो उदारवादियों को उखाड़ फेंके।'

सवाल यह था कि किसे भेजा जाये। एक मन्त्री ने जब लेनिन का नाम सुझाया तो जनरल ने पूछा कि यह कौन है। उनकी शंका थी कि जिस आदमी पर इतना खर्च किया जायेगा, रिस्क लिया जायेगा, वह खोटा सिक्का निकला तो? सबसे बड़ी बात कि वह मार्क्सवादी इसके लिए तैयार कैसे होगा? लेनिन को सन्देश भिजवाया गया कि एक जर्मन व्यवसायी उन्हें सुरक्षित रूस पहुँचा देंगे।

लेनिन ने पहली दफ़ा सुनते ही मना कर दिया कि वह जर्मनों के नुमाइन्दे बन कर जायेंगे तो रूस में बहुत किरकिरी होगी।

एक हफ़्ते बाद एक समाजवादी नेता प्लैटन उनसे मिलने आये और कहा, 'तुम्हारे पास और कोई रास्ता है? अगर तुम समन्दर के रास्ते भी रूस जाने की कोशिश करोगे तो जर्मन यू-बोट तुम्हें उड़ा देंगे। उनकी बात मान लो'

लेनिन ने कुछ सोचा और कहा, 'मेरी एक शर्त है। हमें एक बन्द ट्रेन से भेजा जाये। कहीं कोई पासपोर्ट वगैरा जाँच न हो। किसी को ख़बर न हो कि हमें जर्मनी की मदद मिल रही है।'

अगले ही दिन प्लैटन ने कहा, 'वे तैयार हैं। एक बन्द ट्रेन होगी। तुम अपने साठ लोगों के साथ चुपचाप रूस पहुँच जाओगे। इसका सारा इन्तज़ाम जर्मन सेना करेगी।'

मगर दीवारों के भी कान तो होते ही हैं। अभी ट्रेन निकली भी नहीं थीं कि ख़बर फैल गयी– 'लेनिन जर्मनों के हाथों बिक गया'।[6]

बुद्धिजीवी वर्ग तो ख़बर सुनते ही भड़क गया। नोबेल पुरस्कृत साहित्यकार रोमां रोलां अपने मित्र स्टीफन स्वाइग से मिलने गये और एक पर्चा निकाल कर दिखाया, 'लेनिन की चिट्ठी है। कहता है स्टेशन पर आकर मिलूँ। मैंने तो साफ मना कर दिया।'

जब लेनिन ज़्यूरिख़ के स्टेशन पर पहुँचे, वहाँ तमाम मार्क्सवादी और समाजवादी पहले से जमा थे। वे चिल्लाने लगे– 'जर्मनों का पिट्ठू! सूअर! केसर ने सोने के सिक्के दिखाये और बिक गया?'

लेनिन मुस्कुराते हुए अपनी घड़ी देख रहे थे। वह खुश थे कि ज़रिया कोई भी हो, उनका स्वप्न सच हो रहा है। चुपचाप अपने साथियों के साथ ट्रेन में चढ़े और अन्दर जाकर कहा, 'कॉमरेड! छह महीने के अन्दर हम या तो सत्ता में होंगे, या फाँसी पर चढ़ाये जा रहे होंगे'

जर्मन आर्मी जनरल हॉफमैन ने बाद में अपने बचाव में कहा, 'जैसे हम दुश्मनों पर बम फेंकते हैं, जहरीले गैस फेंकते हैं, उसी तरह यह भी हमारा एक हथियार था।'

इतिहास गवाह है कि एक साल के बाद रूस में लाल झण्डा लहरा रहा था। जो भी उस ट्रेन में बैठे थे वे सत्तासीन थे। लेनिन को उस ट्रेन में बिठाने वाले केसर विलियम रूस को उखाड़ने के फेर में खुद ही उखड़ गये।

लेनिन से जब यह सवाल पूछा गया कि वह इस जर्मन ट्रेन में क्यों बैठे, तो उन्होंने मुस्कुरा कर कहा, 'कोई बेवकूफ़ ही यह मौक़ा हाथ से जाने देता।'

स्विट्ज़रलैण्ड से शुरू होकर रूस सीमा पर ख़त्म होने वाली लेनिन की ट्रेन यात्रा इतिहास का एक अद्भुत नाटकीय मोड़ है। जैसे साम्राज्यवाद किसी कहार की तरह स्वयं मार्क्सवाद की दुल्हन को डोली में बिठा कर ले जा रहा हो। एक स्टेशन पर तो जर्मनी के युवराज की ट्रेन रोक कर लेनिन की ट्रेन को पास दिया गया! उस दृश्य की कल्पना करिये। यूरोप में प्रथम विश्व-युद्ध के पटाखे फूट रहे हैं और उस मध्य एक ट्रेन धीमे-धीमे चल रही है। स्विट्ज़रलैण्ड से जर्मनी के रास्ते बाल्टिक सागर तक पहुँचती है। वहाँ से एक यात्री जहाज़ पर डेनमार्क और स्वीडन होते हुए फ़िनलैण्ड। इस ट्रेन के अन्दर ही जॉर्ज ऑरवेल की मशहूर एलीगरी कथा 'एनिमल फार्म' के कुछ रूपक दिख जायेंगे। इसकी पूरी एक बोगी में सिर्फ़ लेनिन और उनकी पत्नी थे, और बाकी बोगियों में शेष बोल्शेविक बैठ हँसी-ठठ्ठा कर रहे थे। यह साम्यवाद ही था, लेकिन ऑरवेल की मशहूर पंक्ति है, (All animals are equal, but some are more equal than others)

लेनिन का अपना रोब था, और उनके बोगी में यूँ ही कोई नहीं धमक सकता था। वहाँ बैठ कर वह एक पुस्तिका पूरी कर रहे थे– 'अप्रिल थीसिस'। इसमें वह दस बिन्दु लिखे थे, जिसके माध्यम से छह महीनों में बोल्शेविक द्वारा तख़्ता-पलट किया जाना था और तानाशाही स्थापित करनी थी। इसमें उन्होंने कार्ल मार्क्स का बुर्जुआ पूँजीवाद वाला स्टेप बायपास कर दिया, और सीधे सर्वहारा क्रान्ति वाली सीढ़ी पर चले गये।[7] मगर इस पुस्तिका पूरी करते वक्त दूसरे बोगी में बैठे बोल्शेविक का शोर-गुल और धुआँ उन्हें परेशान कर रहा था। वह उनकी बोगी में गये और एक युवक के मुँह से सिगरेट छीन कर फेंकते हुए कॉलर पकड़ कर कहा, 'अब सभी शान्त रहेंगे। मैं ज़रूरी काम कर रहा हूँ। कोई इस बोगी में सिगरेट नहीं पीयेगा। जिसे पीना है, शौचालय में बन्द होकर पीये।'

शौचालय में लाइन लग गयी। वे लेनिन के पास शिकायत लेकर आये, तो लेनिन ने साम्यवाद का एक पाठ वहीं उस ट्रेन में अपनाया। उन्होंने कागज़ के दो तरह के टिकट बनाये– एक शौचालय में शौच करने का, दूसरा सिगरेट पीने का। वह स्वयं टिकट-मास्टर बन गये, और एक-एक कर टिकट बाँटते। यह कम्युनिस्ट देशों की तानाशाही राशन-व्यवस्था का पहला प्रोटोटाइप था। अन्ततः जब ट्रेन फिनलैण्ड पहुँची, तो वहाँ स्वागत के लिए बड़ी भीड़ खड़ी थी। यह ज़्यूरिख़ जैसी गालियाँ देने वाली भीड़ नहीं थी, बल्कि यहाँ तो साम्यवाद और लेनिन की जयकार हो रही थी। वहीं उन्हें रूसी अखबार

'प्रावदा' की प्रति मिली। वह इसे देख कर प्रसन्न हुए कि उनका कम्युनिस्ट अख़बार चालू हो गया।

लेकिन, अख़बार पलटते ही वह गुस्से में चिल्लाये, 'यह क्या लिखा है इसमें? युद्ध चलते रहना चाहिए? ये बेवकूफ़ सम्पादक है कौन?'

मिमियायी आवाज़ में एक बोल्शेविक ने कहा, 'कॉमरेड कामानेव और कॉमरेड स्टालिन!'

स्टालिन साइबेरिया प्रवास से मुक्त होकर अपने गुरू लेनिन की प्रतीक्षा कर रहे थे। लेनिन ने पेत्रोग्राद पहुँचते ही कामानेव को बुलाया और डाँटते हुए कहा, 'यह क्या बकवास छापा है? हमें युद्ध का साथ नहीं देना। हमें रूस को युद्ध से बाहर करना है।'

लेनिन एक दशक के बाद लौटे थे, और कभी उनकी तस्वीर 'प्रावदा' में नहीं प्रकाशित हुई थी। रूस की जनता ने पहली बार लेनिन का चेहरा देखा था। वह एक मंच पर खड़े हुए और वहाँ खड़ी भीड़ को कहा,

'साम्राज्यवाद के दिन अब ख़त्म हो रहे हैं। यूरोप का पूँजीवाद आखिरी साँसें ले रहा है। इस युद्ध ने हमें सिर्फ़ तबाही दी है। जनता को क्या चाहिए? खाने के लिए ब्रेड या युद्ध? इस नयी सरकार में आपको भरोसा होगा, मगर मुझे क़तई नहीं है। ज़ारशाही ख़त्म हुई, लेकिन ज़मींदारी तो ख़त्म नहीं हुई। लोग भूखे मर रहे हैं।

साथियों! हम लड़ेंगे, लेकिन युद्ध नहीं। हम लड़ेंगे शोषण के ख़िलाफ़। हम लायेंगे इस दुनिया में समाजवादी क्रान्ति।'

यह अप्रैल का महीना था। छह महीनों में रूस ही नहीं, दुनिया बदलने वाली थी।

साम्यवाद की स्थापना एक दिमाग़ी खेल थी। अक्सर इसे हिंसक आन्दोलन से जोड़ दिया जाता है, लेकिन लेनिन की शुरुआत किसी गुरिल्ला दस्ते से नहीं हुई। मैं अपनी ही पुस्तक 'कैनेडी' से पंक्तियाँ उद्धृत करता हूँ।[8]

''साम्यवाद' एक सोच थी, जो महज कुछ विचारों से, पतली किताबों से, काग़ज़ के टुकड़ों से पसर सकती थी। जबकि पूँजीवाद के विस्तार के लिए एक ही चीज़ ज़रूरी थी– पैसा। और बहुत सारा पैसा। सोच अनन्त है, जबकि धन सीमित है।'

लेनिन ने इस सोच को अपने भाषणों, 'प्रावदा' अख़बार और लेखों से प्रसारित किया। वह कहते– 'इन ख़ानदानी लुटेरों को लूटो!'

गाँव के किसानों ने ज़मींदारों की जमीन हथिया ली, और जब सामन्त शहर से बटाई वसूलने आये तो ठेंगा दिखा दिया। उनकी हवेलियाँ छीन ली गयी। ख़ास कर यूराल पहाड़ियों का क्षेत्र बोल्शेविक गढ़ था, जहाँ सामन्तों को बेइज्जत कर निकाल फेंका गया। अधिकाँश स्थानों पर किसी खून-ख़राबे की ज़रूरत नहीं पड़ी। किसान तो सदा से एक समूह रूप में अधिक शक्तिशाली थे। लेनिन ने सिर्फ़ यह एहसास कराया।

यहाँ अन्य समाजवादी क्रान्तिकारियों का अधिक महत्त्व है, जो किसानों के लिए ज़ारशाही समय से लड़ रहे थे। अप्रैल-मई तक तो उनका और मेन्शेविक का ही दबदबा था, सोवियत में बोल्शेविक का प्रतिनिधित्व तिहाई से भी कम था। एक संसदीय मीटिंग में जब कहा गया कि हम में से किसी में अभी बहुमत से शासन करने की कुव्वत नहीं है तो लेनिन ने कहा, 'हमारी पार्टी तैयार है।'

सभी जोर-जोर से हँसने लगे कि आप इन चंद बोल्शेविकों से सरकार बनायेंगे? लेनिन ने कहा, 'हँसना है, हँस लो। सरकार तो हमारी ही बनेगी'

लेनिन यूँ ही नहीं कह रहे थे। उनको जर्मनों से अच्छा-ख़ासा धन मिल रहा था, और उनका प्रोपोगैंडा तन्त्र बहुत मजबूत था। ब्रिटेन लेनिन को गम्भीरता से ले रहा था, और विलियम सोमरसेट मॉम नामक व्यक्ति को उनकी जासूसी करने भेजा गया। बाद में मॉम लेखक रूप में प्रसिद्ध हुए। ब्रिटेन के इशारे पर केरेंस्की ने राजकुमार ल्योव को हटा कर स्वयं प्रधानमन्त्री बनने का निर्णय लिया, और जर्मनी पर आक्रमण की ठान ली। उन्हें लगा कि युद्ध राष्ट्रवाद के बहाने जनता उनके साथ हो जायेगी। लेकिन बोल्शेविक अब सेना में भी घुस गये थे, और उनका मनोबल गिरा रहे थे। नतीजतन रूस की पुनः हार हुई।

केरेंस्की को लगने लगा कि उनके पैरों तले जमीन खिसक रही है। वह लोकतान्त्रिक व्यक्ति थे। यही कारण था कि उन्होंने ज़ार को सुरक्षित रखा था, और लेनिन को भी रूस आने की इजाज़त दी थी। वह चाहते थे कि जनता चुनाव से फैसला करे कि किसे गद्दी पर बिठाना चाहती है।

वह ज़ार निकोलस के पास गये और कहा, 'मुझे आपकी ज़ारशाही से शिकायत थी। लेकिन, मुझे आपके परिवार से कोई जाती दुश्मनी नहीं। अब माहौल बदल रहा है, और मैं यहाँ आपकी रक्षा करने में असमर्थ हूँ। आपको हम साइबेरिया में एक गुप्त स्थान पर भेज रहे हैं। वहाँ आप सुरक्षित रहेंगे।'

उसी दौरान क्रान्तिकारी तेवर के त्रोत्सकी, जो अब तक मेन्शेविक में थे, वह लेनिन की बोल्शेविक से जुड़ गये। यह लेनिन के लिए जैकपॉट था। मैंने 'एनिमल फार्म' की चर्चा की है। उसके 'स्नोबॉल' नामक सफ़ेद सूअर किरदार को उनसे जोड़ा जाता है, जो क्रान्ति का आग़ाज करते हैं। एक बोल्शेविक कहते थे, 'लेनिन को ऑफिस में बिठा दो, और त्रोत्सकी को मंच पर चढ़ा दो, फिर हमें कोई हरा नहीं सकता'

इस घटना के बाद तो केरेंस्की भी लोकतन्त्र का पाठ भूल गये और क्रान्तिकारियों के दमन के आदेश देने लगे। इसके लिए उन्होंने ज़ार निकोलस के वफ़ादार रहे कोसैक मूल के जनरल कॉर्निलोव को सेनाध्यक्ष बना दिया। उन्होंने रूस के कोसैक और मुसलमानों की फौज बना ली। त्रोत्सकी को पकड़ कर जेल में बन्द कर दिया। लेनिन स्वयं फ़िनलैण्ड भाग गये। जनरल कॉर्निलोव अपने इस दमन से महत्त्वाकांक्षी हो गये, और खुद ही तख़्ता-पलट की सोचने लगे। यह भी मुमकिन है कि पीढ़ी-दर-पीढ़ी ज़ार के वफ़ादार होने के नाते वह पुनः ज़ारशाही स्थापित करना चाहते हों। कौसैक और मुसलमानों से बनी सेना जब पेत्रोग्राद की ओर बढ़ने लगी, तो केरेंस्की को पुनः अपने समाजवादी भाइयों से मदद की गुहार करनी पड़ी। सोवियत के मज़दूर फौजियों के भय से जनरल कॉर्निलोव की सेना ने सितंबर के महीने में ही अपना इरादा त्याग दिया।

लेनिन अक्टूबर में एक पादरी के छद्म-भेष में रूस लौटे। उन्होंने त्रोत्स्की और अन्य साथियों को बुला कर कहा, 'जो करना है, अभी के अभी करना होगा।'

वहाँ तख़्ता-पलट पर सहमति नहीं बन रही थी। लेनिन आठ घण्टे तक एक-एक कर सबको समझाते रहे। दस में से आठ लोगों को उन्होंने तैयार कर लिया, और इसे अंकित करने के लिए काग़ज़ ढूँढ़ने लगे। वह मीटिंग एक घर में हो रही थी, तो एक बच्चे की नोट-बुक पर रूस का भविष्य लिख दिया गया– 'हमने बहुमत से रूस के तख़्ता-पलट का निर्णय लिया है। सभी समाजवादी दलों को इस निर्णय को मानना चाहिए।'

7 नवम्बर 'रूसी तारीख़ 25 अक्टूबर' को लाल झण्डा लहराते बोल्शेविक 'विंटर पैलेस' में दाखिल हुए। प्रधानमन्त्री केरेंस्की को अमेरिकी दूतावास की मदद से एक महिला के भेष में भागना पड़ा। मेन्शेविक ने इस तख़्ता-पलट का विरोध किया और 'वाक आउट' कर गये।

त्रोत्सकी ने कहा, 'जाओ! इतिहास में तुम लोग कचरे के ढेर कहलाओगे!'

बिना किसी रक्तपात के, किसी कुशल प्रोजेक्ट मैनेजर की तरह लेनिन ने अपनी डैडलाइन के अनुसार छह महीने में सत्ता पर कब्ज़ा कर लिया। अब एक निजी मामला भी निपटाना था। अपने भाई की फाँसी का बदला लेना था। लेनिन के आते ही साइबेरिया में ज़ार परिवार के घर में नये बोल्शेविक गार्ड आये।

लेनिन एक अल्पमत नेता थे। जिस समय बोल्शेविक क्रान्ति हुई, उस समय भी लेनिन को पहचानने वाले सीमित थे। उनकी यह अक्टूबर क्रान्ति एक जन-क्रान्ति रूप में तो हुई ही नहीं। ऐसा तो नहीं हुआ कि गाँव-गाँव से किसान लेनिन का साथ देने आ गये। तो फिर यह सर्वहारा क्रान्ति कैसे कही जा सकती है? 1907 से 1917 के मध्य सिर्फ़ चार महीने ही लेनिन रूस में रहे, और सीधे गद्दी पर बैठ गये, तो बाकी ज़मीनी नेता क्यों न भड़कें? लेनिन चुनाव की माँग करते, जनता के बीच जाते, और चुन कर आते? अथवा जनता का बहुमत स्वर किसी अन्य माध्यम से दिखाते? ज़ार के और लेनिन के प्राथमिक चयन-प्रक्रिया में क्या अन्तर रहा? सिर्फ़ यह कि लेनिन जन्मगत नहीं चुने गये? बोल्शेविकों द्वारा चुने गये, जिन्हें उन्होंने ही स्थापित किया था!

ज़ाहिर है जितनी बातें मुझे नज़र आ रही है, उससे कहीं ज्यादा रूस की जनता को साक्षात दिखी। वे लेनिन को जर्मनों का पिट्ठू कहने लगे। इसमें कोई दो राय नहीं कि वाकई लेनिन जर्मनों द्वारा समर्थित और कुछ मायनों में स्थापित किये गये थे। उन्होंने इसे ख़ूब निभाया भी। सत्ता पाते ही लेनिन ने जर्मनी से समझौता करने और युद्ध रोकने के आदेश दे दिये। त्रोत्सकी को समझौते के लिये पोलैण्ड 'जिसे जर्मनी ने युद्ध में छीन लिया था' भेजा गया। वहाँ कुछ बात बिगड़ गयी। जर्मनों ने लेनिन पर इतना खर्च किया था तो वह शेयर भी बड़ा माँग रहे थे।

त्रोत्सकी ने कह दिया, 'इतनी माँगे तो नहीं मानी जा सकती। हम अभी-अभी सरकार में आये हैं। मैं बस यह कह सकता हूँ कि हम युद्ध नहीं करेंगे, लेकिन हम अपनी रक्षा अवश्य करेंगे।'

केसर भड़क गये कि लेनिन ने 'डील' तोड़ दी। उन्होंने रूस पर आक्रमण कर दिया और पूरे पश्चिमी रूस 'यूक्रेन, बेलारूस और बाल्टिक प्रान्तों' पर क़ब्ज़ा कर लिया। अब जर्मन सेना पेत्रोग्राद पर कभी भी धावा बोल सकती थी। लेनिन को राजधानी भगा कर मॉस्को ले जानी पड़ी, जो अब तक है।

समस्या यह थी कि लेनिन की कोई वफ़ादार सेना थी ही नहीं। सेना तो फरवरी तक ज़ार की थी। ज़ार के हटते ही उनके वफ़ादार और कुशल कमान्डर जेल में बन्द किये गये या भाग गये। उसके बाद तो चलताऊ सरकार और व्यवस्था आयी, जिसमें सेना ने अपनी मर्ज़ी चलायी। बोल्शेविकों द्वारा भड़काने के बाद कई फौजी किसान सीमा छोड़ कर गाँव में ज़मीन हड़पने आ गये। उन बन्दूकधारियों ने ही ज़मींदारों को भगाने में बड़ी भूमिका निभायी। मगर अब वे सेना में रहे ही नहीं, वे तो अपने गाँव में खुश थे।

इस कारण जर्मनी ने बड़े आराम से रूस को अब तक की सबसे बड़ी शिकस्त दी। बाकियों को भी लगा कि यह लेनिन तो फुस्स निकला। डॉन नदी के किनारे बसे लड़ाके कोसैक फिर से संगठित हुए, और जापानी समुराई की भाँति अपने ज़ार को मुक्त करने के मिशन पर निकल गये। इसी तरह पुराने फौजियों और परम्परावादी किसानों ने मिल कर एक 'वाइट आर्मी' तैयार की। यूक्रेन के राष्ट्रवादियों ने जर्मनों और लेनिन के ख़िलाफ़ अपनी अलग क्रान्ति-सेना बना ली। सबसे बड़ा ख़तरा एक अकल्पनीय स्थान से आया। साइबेरिया से!

ज़ार निकोलस ने एक चेकोस्लोवाकिया कोर सेना बनायी थी, जो मुख्यत: स्लाव नस्ल के विजय के लिए बनायी गयी थी। इसके विषय में पन्ने पलटते हुए मुझे रणवीर सेना जैसों की याद आ गयी। ये जर्मनों से नस्लीय नफ़रत करते थे, और इस कारण समझौते के बाद से ही नाराज़ थे। उन्हें इंग्लैण्ड, अमेरिका और जापान से सहयोग मिल रहा था। मई-जून 1918 के दौरान साइबेरिया रेल पर उन्होंने कब्ज़ा कर लिया। बोल्शेविक विरोधी गुट के एक व्यक्ति ने मॉस्को में जर्मनी के राजदूत की हत्या कर दी। ये तमाम सेनाएँ अब मॉस्को की ओर बढ़ रहीं थीं। लेनिन की सबसे बड़ी चिन्ता तो यह थी कि ये लोग साइबेरिया से ज़ार निकोलस को छुड़ा तो नहीं लेंगे?

रेड आर्मी 'लाल सेना' की शुरुआत देर से हुई, मगर दुरुस्त हुई, और अपने ख़ूँख़ार रूप में हुई। जैसा मैंने लिखा है कि बोल्शेविक बुरी तरह घिर चुके थे। लेनिन को मारने की सुपारी दी गयी थी, और राजकुमार दिमित्री ने घोषणा भी कर दी कि उन्होंने यह सुपारी दी है। लेनिन बाल-बाल बच गये।

दूसरी तरफ, समाजवादी क्रान्तिकारी 'सोशलिस्ट रिवोल्यूशनरी' समूह राजनैतिक हत्याओं के पुराने उस्ताद रहे थे। उन्होंने तो ज़ार अलेक्सांद्र की ही सर-ए-आम हत्या कर दी थी, तो लेनिन क्या चीज़ थे। इनका नेतृत्व मारिया स्पिरिदिनोवा नामक महिला कर रही थी, जो 1906 में ही ज़ार के अंगरक्षक

को गोली से उड़ा चुकी थी। लेनिन से पहले, रूसी क्रान्तिकारियों में उनका नाम गर्व से लिया जाता था। यह और बात है कि लेनिन-विरोधी होने के कारण उनको रूसी इतिहास से ही लगभग गायब कर दिया गया।

जनवरी में लेनिन पर हमला हुआ, 20 जून, 1918 को लेनिन के ख़ास प्रोपोगैंडा मुखिया वोल्दास्की को गोली मार दी गयी। जुलाई में जर्मन राजदूत को। उसी महीने मारिया के नेतृत्व में क्रान्तिकारियों ने रूस के केन्द्रीय पोस्ट ऑफिस पर कब्ज़ा कर लिया। तमाम बोल्शेविकों को पकड़ कर बन्दी बना लिया, जिनमें कद्दावर नेता ज़ेरजिंस्की भी थे।

लेनिन ने अपने जनरल वात्सेतिस को पूछा, 'हम सुबह तक बच पायेंगे?'

उस समय त्रोत्सकी अपने क्रूर रूप में आये। उन्होंने मार्च के महीने से ही एक 'लाल सेना' बनानी शुरू कर दी थी। इस सेना का अनुशासन कठिन था, और थोड़ी भी ढील-ढाल पर सीधे गोली मार दी जाती। ज़ार निकोलस के काबिल फौजियों के परिवार को बन्दी बना कर उन्होंने उन्हें अपनी सेना में शामिल किया। उनका एक ही मन्त्र था– 'जो भी बोल्शेविक का विरोध करे, उसे पकड़ कर बन्द करो या गोली से उड़ा दो'। इसके लिए उन्होंने पहली बोल्शेविक सीक्रेट सर्विस बनायी, जिसका नाम रखा– चेका!

रातोंरात उन्होंने लगभग 600 विरोधियों को जेल में बन्द किया और 200 को गोली से उड़ा दिया। इसमें उनके अपने मित्र कॉमरेड मिखाइल मुरायोव भी शामिल थे, जो लेनिन-विरोधी बन गये थे। उन्हें गोली मार दी गयी। स्पिरिदिनोवा को पकड़ने के लिए उन्होंने सात सौ लातवियाई फौजियों को भेजा, जो उन्हें पोस्ट ऑफिस से घसीटते हुए ले आये। रूस की उस महान महिला क्रान्तिकारी को पागलखाने भेज दिया गया 'दशकों बाद स्टालिन ने उन्हें गोली से उड़ा दिया'।

त्रोत्सकी और लेनिन की अगली नज़र अब ज़ार निकोलस पर थी। उन्हें पहले ही साइबेरिया से उठा कर बोल्शेविक गढ़ इकातेरिनबर्ग ले आया गया था।

16 जुलाई को लेनिन और अन्य बोल्शेविक नेता बैठ कर योजना बना रहे थे।

कॉमरेड स्वेदलोव ने कहा, 'ज़ार निकोलस को भगाने के प्रयास चल रहे हैं। पहले भी हमारा एक गार्ड राजकुमारी के प्रेम में फँस चुका है। वाइट आर्मी के लोग तो उस घर तक पहुँच चुके थे, हमने बहुत मुश्किल से काबू पाया। हमने निर्णय लिया है कि ज़ार को गोली मार दी जायेगी, बाकी परिवार को अलग कर सुरक्षित रखा गया है।'

लेनिन ने कहा, 'किसी को कोई आपत्ति?'

एक कॉमरेड ने कहा, 'क्या वाकई परिवार को अलग किया गया है?'

लेनिन ने बात बदलते हुए कहा, 'देश की स्वास्थ्य समस्याओं पर थोड़ी चर्चा करते हैं।'

ज़ार की देखभाल का जिम्मा लिए युरोव्सकी एक यहूदी थे, जिन्होंने अपना जीवन गरीबी में गुज़ारा था। यहूदी होने के कारण ज़ार के समय उनके परिवार के साथ बहुत अन्याय हुआ। वह ज़ार के खून के प्यासे हो गये थे, और सिर्फ़ लेनिन के आदेश का इन्तज़ार कर रहे थे। उन्होंने पूरे इलाक़े की रेकी कर रखी थी, कि कहाँ ज़ार परिवार को मारा जायेगा, और उनकी लाशों को ठिकाने लगाया जायेगा। 16 जुलाई को वह रसोईघर में पहुँचे तो राजकुमार अलैक्सी एक नौकर लियोनिद के साथ खेल रहे थे। ज़ार परिवार वहीं भोजन करने बैठा था।

युरोव्सकी ने कहा, 'लियोनिद को उसके चाचा इवान ने बुलाया है। आज से वह यहाँ नहीं रहेगा।'

लियोनिद अलेक्सी के बाल-सखा बन गये थे, तो उन्हें निराशा हुई। बाद में उन्हें अधिक निराशा हुई, जब उन्हें पता लगा कि चचा इवान ने उन्हें बुलाया ही नहीं था। उनकी तो पहले ही हत्या कर दी जा चुकी थी।

डेढ़ बजे रात उन्होंने ज़ार के पारिवारिक चिकित्सक डॉ. बोत्किन को कहा, 'बाहर गोलियों की आवाज़ें आ रही हैं। ज़ार परिवार पर ख़तरा हो सकता है। उन्हें नींद से जगा दें, बेसमेंट में ले जायें। वहाँ अधिक सुरक्षित रहेंगे।'

राजकुमारियाँ इस तरह के स्थान-परिवर्तन के समय अपने अन्तःवस्त्रों में तमाम गहने छुपा कर रख लेती थीं। उनकी योजना थी कि भागते समय यह धन काम आयेगा। दो बजे रात को वे सभी बेसमेंट पहुँचे।

ज़ारीना अलेक्सांद्रा ने कहा, 'यह तो बहुत छोटा कमरा है। कुर्सियाँ भी नहीं हैं।'

युरोव्सकी ने एक गार्ड को डाँट कर कहा, 'तुम्हें तमीज़ नहीं है? महारानी को कुर्सी दो। दो लाना। एक युवराज के लिए भी।'

जब वे दोनों कुर्सी पर बैठ गये, युकोवस्की ने एक कागज़ निकाला और ज़ार निकोलस की ओर देखते हुए पढ़ा, 'चूँकि ज़ार परिवार के कुछ हितैषी सोवियत के ख़िलाफ षड्यन्त्र रच रहे हैं, यूराल के परिषद ने यह निर्णय लिया है कि ज़ार परिवार को गोली मार दी जाये।'

यूकोवस्की ने बाद में कहा, 'जब मैंने मृत्यु का आदेश सुनाया, ज़ार ने घबरा कर कहा– क्या!

मैंने उन्हें पुनः आदेश पढ़ कर सुनाया। बार-बार सुनाया कि उन्हें मारे जाने का आदेश है। वह अपने परिवार की ओर मुड़े, और कुछ बुदबुदाने लगे। हमने अपने-अपने पूर्व-निर्देशित लक्ष्य को गोली मारनी शुरू कर दी। निर्देश यह था कि गोली सीधे हृदय पर मारी जाये, किन्तु उनके हिलने-डुलने की वजह से निशाने ग़लत लग रहे थे।

निकोलस को मैंने स्वयं सामने से गोली मारी, और वह तुरन्त ढेर हो गये। अलेक्सांद्रा भी 'रासपूतिन का दिया' क्रॉस माथे से लगा ही रही थी, और मारी गयी। बच्चे चिल्लाते हुए इतने हिल रहे थे कि गार्ड उन्हें मार नहीं पा रहे थे। वे कहीं भी निशाना लगा रहे थे, और गोलियाँ दीवाल से टकरा कर उन्हें लग रहीं थीं। अलेक्सी खून से लथ-पथ ज़मीन पर पड़ा था, लेकिन मरा नहीं था। मैंने उसके सिर में दो गोली मार कर निपटा दिया।

हमें बाद में मालूम हुआ कि राजकुमारियों के अन्तः-वस्त्र में छुपाए हीरे और गहने बुलेट-प्रूफ का काम कर रहे थे। जो काम सैकंडों में हो सकता था, उसमें बीस मिनट लग गये। अन्त में बन्दूक की संगीन (bayonet) उनकी छाती में भोंकनी पड़ी, मगर वह भी इन हीरों की वजह से कठिन हो रहा था।'

वहाँ मौजूद मेदेवदेव के अनुसार जब गार्ड राजकुमारियों के शरीर से गहने लूटने लगे तो युकोव्सकी चिल्लाये,

'तुम्हें लाशों को लूटते हुए शर्म नहीं आती? अगर किसी ने गहने चुराये तो उसे मैं खुद ही गोली मार दूँगा'

हालाँकि युकोव्स्की ने ज़ार की ज़ेब में मिली हीरे से जड़ी सिगरेट की डब्बी अपनी जेब में रख ली। लगभग आठ किलो हीरे तो सिर्फ़ जेबों और कमर से निकले। बाद में जब उन्हें जलाने के लिए नंगा किया गया तो राजकुमारियों के हर अन्तःवस्त्र में थैलियाँ सिल कर गहने रखे मिले। ज़ार परिवार की लाशों को लपेट कर एक फिएट ट्रक में ले जाया गया। उन्हें एक निश्चित स्थान पर जला दिया गया, और लाशों को यूराल की खाली पड़ी खदानों में नीचे उतारने का प्रयास किया गया। बाद में मॉस्को की ओर एक स्थान पर ज़ार परिवार की अस्थियों को दफ़न कर दिया गया। रोमानोव वंश के अन्त के साथ ही ज़ारशाही के लौटने के सभी कयास ख़त्म हो गये। लेकिन, रूस का भविष्य तो अभी लिखा जाना बाकी था।

30 अगस्त, 1918 की सुबह दस बजे लेनिन की सीक्रेट सर्विस चीफ़ उरित्सकी की हत्या कर दी गयी। लेनिन को उनकी बहन मारिया ने समझाया, 'आज आप कहीं बाहर न निकलें। क्रेमलिन में ही रहें।'

लेनिन ने कहा, 'मुझे शाम को एक फ़ैक्ट्री में भाषण देने जाना है।'

शाम पाँच बजे वहाँ पहुँच कर उन्होंने मज़दूरों को कहा,

'क्रान्ति इसलिए नहीं हुई थी कि ज़ारशाही ख़त्म हो। यह इसलिए हुई कि पूँजीपतियों का राज ख़त्म हो। ये तमाम बुर्जुआ जो उद्योग चलाते हैं, वह आपके श्रम से बड़ा मुनाफ़ा कमा कर आपके हाथ में आख़िर क्या देते हैं? क्रान्ति तो अमेरिका में भी हुई, लेकिन वहाँ पूँजीवाद अपने सबसे विकृत रूप में है। वहाँ उद्योगपति राजा हैं, और मज़दूर कीड़े-मकौड़े। हम आपके हाथों में शक्ति देना चाहते हैं। हमारे सामने दो ही विकल्प हैं। हम या तो जीतेंगे, या मरेंगे।'

इस भाषण के बाद लेनिन अपनी गाड़ी की तरफ़ बढ़े और कुछ मज़दूरों से बात करने लगे। तभी तीन गोलियाँ चलीं, और लेनिन खून से लथपथ ज़मीन पर गिर पड़े।

वहाँ मौजूद एक मज़दूर चिल्लाये, 'लेनिन! यह क्या हो गया? किसने गोली चलाई? इन्हें हस्पताल ले चलो।'

लेनिन ने कहा, 'हस्पताल नहीं। घर। मेरे घर ले चलो।'

गोली चलाने वाली महिला फैनी केप्लन एक समाजवादी क्रान्तिकारी थीं, जो 1906 में एक ज़ारशाह अधिकारी को गोली मारने के अपराध में दस वर्ष साइबेरिया में सजा काट चुकी थी। वह इस यातना में दृष्टि बाधित हो चुकी थी, लेकिन निशाना अब भी पक्का था। लेनिन के शरीर से गोलियाँ निकाली गयीं, और वह कुछ समय के लिए मॉस्को से बीस किलोमीटर दूर गोरकी नामक स्थान पर प्रकृति के मध्य आराम करने चले गये। अपने प्रिय पेड़-पौधों के बीच। यह विशाल महल कभी एक ज़मींदार की सम्पत्ति थी, जो अब सरकारी सम्पत्ति में तब्दील कर दी गयी थी। इस महल में जब घायल लेनिन पहुँचे तो उनके प्रिय खानसामे स्पिरिदोन ने सूप और ताज़ा मछली के साथ स्वागत किया।

लेनिन ने मुस्कुरा कर कहा, 'स्पिरिदोन! यह गोलियाँ नहीं, तुम्हारे हाथों का जादू मुझे यहाँ खींच लाता है। यही मुझे मरने नहीं देता। तुम्हारा यह कर्ज है मुझ पर।'

उसी मैंसन में लेनिन ने 1924 में अन्तिम साँसें ली। वह कर्ज़ लेनिन ने कभी चुकाया हो या नहीं, एक सदी बाद स्पिरिदोन पूतिन के पौत्र अवश्य रूस की गद्दी पर क्रेमलिन में बैठे, और इन पंक्तियों के लिखे जाने तक क़ायम हैं।

चित्र 7 : व्लादिमीर लेनिन, 1920, पब्लिक डोमेन

टिप्पणी

1. नेलिपा, मार्गरीटा, किलिंग रासपूतिन: द मर्डर दैट एंडेड द रशन एम्पायर, वाइल्ड ब्लू प्रेस, 2017
2. चर्चिल, विन्स्टोन, द वर्ल्ड क्राइसिस, थॉर्टन बटर्वर्थ लिमिटेड, लन्दन, 1915
3. मार्क्स, कार्ल और एंजल्ज़, फ़्रेरेडरिक, 'मैनिफ़ेस्टो ऑफ़ द कॉम्युनिस्ट पार्टी', marxists.org से प्राग्रेस पब्लिशर्स, मॉस्को की प्रति।
4. 'द प्रोग्राम ऑफ़ द पार्टी ओऊवरीर' में वर्णित, जो marxists.org पर उपलब्ध है।
5. झा, प्रवीण कुमार, जे. पी.: नायक से लोकनायक तक, ई समाद प्रकाशन, 2021
6. पारसों, माइकल, द सील्ड ट्रेन: जर्नी टू रेवलूशन, हार्पर कॉलिज़ पब्लिशरस, 1991
7. लेनिन, व्लादिमीर इलयिच, द टास्क्स ऑफ़ द प्रोलेटेरीयट इन द प्रेज़ेंट रैवलूशन 'द अप्रिल थीसस', 1917। marxists.org के माध्यम से उपलब्ध।
8. झा, प्रवीण कुमार, कैनेडी: बदलती दुनिया का चश्मदीद, बोंज़ुरी प्रोजेक्ट, 2020

उपसंहार

दुनिया को देखने की दो दृष्टियाँ है- एक मंडुक (मेंढक) की, दूसरी विहंग (चिड़िया) की। इनके मध्य की कोई भी दृष्टि उथल-पुथल को जन्म देती है।

—ओल्गा तोकार्जुक

26 फरवरी, 2022. मॉस्को समय सुबह 6 बजे

रूस के राष्ट्रपति व्लादिमीर पूतिन ने एक सन्देश में कहा कि वह यूक्रेन के खिलाफ़ विशेष सैन्य कार्रवाई करने जा रहे हैं। इस ख़बर ने न सिर्फ़ यूरोप बल्कि पूरी दुनिया को हिला कर रख दिया। यूँ तो यूरोप ने समय-समय पर युद्ध देखे हैं, दो विश्व-युद्ध झेले हैं, लेकिन अगर आज के दौर में दुनिया कोई तीसरा विश्व-युद्ध देखती है तो उसका मन्ज़र भयानक होगा।

मैंने अपने यूक्रेन के मित्रों से सम्पर्क किया, जो इस ख़बर से घबराये हुए तो थे ही, रूस के राष्ट्रपति पर क्रोधित भी थे। वह उन्हें तमाम विशेषणों से नवाज़ रहे थे और उन्हें हिटलर के समकक्ष बता रहे थे। यूक्रेन के कई लोग नॉर्वे और अन्य पश्चिमी यूरोपीय देशों में नौकरी कर रहे हैं, और उनका इस दुनिया की तरफ़ झुकाव समझ आता है। लेकिन, अगर सांस्कृतिक इतिहास देखें तो यूक्रेन और रूस में अन्तर करना कठिन है।

निकोलाई गोगोल जैसे साहित्यकार यूक्रेन की ज़मीन पर पले-बढ़े, और आज यह हालात हैं कि उनकी पहचान के लिए भी रूस और यूक्रेन लड़ रहे हैं। यह लड़ाई नयी है, क्योंकि यह विभाजन ही नया है। गोगोल के समय तो ये देश अलग थे ही नहीं। किन्तु, इतिहास में मानचित्रों का बदलना तो स्वाभाविक ही है, और उससे जन्मी अस्मिता की लड़ाई भी।

लेनिन द्वारा एक साम्यवादी देश की स्थापना के बाद सोवियत रूस का सफ़र एक महाशक्ति बनने की दिशा में रहा। द्वितीय विश्व-युद्ध में उन्होंने हिटलर

जैसे महत्वाकांक्षी पर विजय पाने में मुख्य भूमिका बनायी। साठ के दशक में वे अमरीका के समकक्ष और कई मामलों में बेहतर सैन्य-शक्ति के रूप में स्थापित हुए। शीत युद्ध और मिसाइल स्पर्धाओं से लेकर अन्तरिक्ष-स्पर्धाओं का दौर चला। किन्तु साम्यवाद का यह गढ़ बदलती दुनिया के वैश्वीकरण और उदारवाद के समक्ष कुछ अलग-थलग पड़ गया।

मार्च 1985 में कम्युनिस्ट नेता मिखाइल गोर्बाचेव के हाथ में जब सोवियत की कमान आयी, उन्होंने आर्थिक और राजनीतिक सुधार की तरफ़ कदम उठाया। इसे साम्यवादी संरचना के लिए एक 'ब्लंडर' भी कहा जा सकता है। गोर्बाचेव की पहली नीति थी 'ग्लासनोस्त' यानी राजनैतिक पारदर्शिता। लोकतान्त्रिक देशों में यह आम है कि कोई अखबार सरकार की आलोचना करे, राजनैतिक विरोधी खुल कर लिखें और बोलें, किन्तु साम्यवादी देशों में इस पर लगाम लगायी जाती रही। गोर्बाचेव का यह कदम जिसमें मीडिया को स्वतन्त्रता दी गयी, प्रायोगिक रूप से आत्मघाती साबित हुआ।

दूसरी नीति थी 'पेरेस्त्रोइका' यानी आर्थिक पुनर्गठन जिसमें निजीकरण, विदेशी निवेश और बेहतर श्रमिक परिस्थितियों की बात थी। ये भी लोकतान्त्रिक और पूँजीवादी संरचना के देशों की पद्धति थी, जिसके खाँचे में सोवियत रूस फिट नहीं बैठ सका।

गोर्बाचेव ने स्वयं ही कहा, 'हमारी नयी व्यवस्था खड़ी हो पाती, उससे पहले ही पुरानी व्यवस्था मुँह के बल गिर गयी'

सबसे पहले तीनों बाल्टिक राज्य– एस्टोनिया, लिथुआनिया और लाटविया अलग हुए। उसके बाद बाक़ी घटकों जिनमें यूक्रेन से लेकर उज़्बेकिस्तान तक थे, ने स्वयं को सोवियत से अलग किया। 25 दिसम्बर, 1991 को आख़िरी बार क्रेमलिन पर सोवियत का झंडा फहराया।

उस दिन गोर्बाचेव ने कहा,

'हम अब नयी दुनिया में रह रहे हैं। शीत युद्ध का अन्त हो चुका है। हथियारों की प्रतिस्पर्धा ख़त्म हो चुकी है। देश का वह पागलों की तरह सैन्यीकरण अब नहीं होगा, जिसने हमारी अर्थव्यवस्था, व्यवहार और हमारे हौसलों को कमज़ोर कर दिया था।'

मिखाइल गोर्बाचेव के इस कथन से यह स्पष्ट नहीं था कि यह एक विजेता का कथन था, या हारे हुए योद्धा का। बहरहाल, उन्हें पहले ही नोबेल शान्ति पुरस्कार से सम्मानित किया जा चुका था, तो उनके इस कथन से दुनिया को कुछ राहत महसूस हुई होगी।

इस विघटन के बाद यूक्रेन के हिस्से दुनिया का तीसरा सबसे बड़ा परमाणु ज़ख़ीरा आ गया। ये परमाणु हथियार भी ऐसे हाथी हैं, जिन्हें रख कर मूँछ पर ताव तो दिया जा सकता है, मगर उन्हें पालने में जेब खाली हो जाती है। यूँ भी दुनिया में यह निर्णय लिया जा रहा था कि अब परमाणु-प्रतिस्पर्धा कम कर दी जाये। यूक्रेन 1986 में चेर्नोबिल की परमाणु ऊर्जा प्लांट में हुए रिसाव से एक विभीषिका झेल चुका था, तो इस क़दम का एक भावनात्मक पक्ष भी था।

मई 1992 में यूक्रेन ने सामरिक शस्त्र न्यूनीकरण सन्धि (Steategic Arms Reduction Treaty & START 1) पर हस्ताक्षर किए, जिसके तहत वह परमाणु प्रतिस्पर्धा से दूर रहने की प्रतिबद्धता दिखा रही थी। दिसम्बर, 1994 में बुडापेस्ट मेमोरेंडम पर यूक्रेन के राष्ट्रपति लियोनिद कुचमा सहित रूसी राष्ट्रपति बोरिस येल्तसिन, अमेरिकी राष्ट्रपति बिल क्लिंटन और ब्रिटिश प्रधानमन्त्री जॉन मेजर ने हस्ताक्षर किए। दो वर्ष के अन्दर यूक्रेन ने अपने परमाणु हथियार रूस को, और यूरेनियम अमरीका को दे दिये, जिसके बदले उसे ठीक-ठाक आर्थिक लाभ दिये गये। इस अप्रत्याशित कदम के लिए यूक्रेन को एक शान्तिप्रिय देश के वैश्विक उदाहरण रूप में प्रचारित किया गया।

लगभग एक दशक तक यूक्रेन में शान्ति बनी रही, आर्थिक प्रगति भी होने लगी, और ऐसा लगा कि यह फ़ैसला उचित था। शेष यूरोप 1993 में ही एक यूरोपियन यूनियन संघ बना कर एक हो चुका था, और यूक्रेन का मन इस यूनियन और रूस के मध्य डोलने लगा। बाहर से भी खींचतान, लोभ-लुभावन शुरू हुए। यूक्रेन के पश्चिमी हिस्से पर यूरोप का, और पूर्व हिस्से पर रूस का प्रभाव पड़ने लगा। गोर्बाचेव द्वारा शीत युद्ध ख़त्म होने की भविष्यवाणी अर्धसत्य थी।

अमरीका और यूरोप के देशों ने मिल कर जो सैन्य सहयोग संगठन NATO बनाया था, वह समय के साथ शक्तिशाली होता जा रहा था, और नित नए सदस्य बना रहा था। वहीं, रूस, चीन और उत्तरी कोरिया का साम्यवादी गठजोड़ इन ख़तरों को लम्बे समय से भाँप रहा था। फ़िलहाल चीन और उत्तरी कोरिया को किनारे रखते हैं, रूस के लिए यह महत्त्वपूर्ण था कि नाटो को अपनी सीमा से दूर रखा जाये। हालाँकि नॉर्वे, बाल्टिक देश और पोलैंड जैसे नाटो सदस्य रूस की सीमा को छूते थे, किन्तु यूक्रेन जैसे अपेक्षाकृत बड़े देश को रूस अपने प्रभाव में रखना चाहता था।

रूस इसमें कुछ हद तक सफल भी रहा, और यूक्रेन में नियमित रूस की तरफ़ रुझान रखने वाले राष्ट्रपति आते रहे। 2010 में विक्टर यानुकोविच यूक्रेन के राष्ट्रपति चुने गये। उस समय तक पश्चिमी यूक्रेन की बड़ी जनसंख्या यह चाहने लगी थी कि यूक्रेन यूरोपियन यूनियन की सदस्यता का प्रयास करे। यानुकोविच ने इस दिशा में क़दम बढ़ाये, किन्तु रूस ने प्राकृतिक गैस की सस्ती डील का लालच दिया, वह यूरोपियन यूनियन वाले निर्णय से मुकर गये।

21 दिसम्बर 2013 की रात यूक्रेन की राजधानी कीव के मैदान में जनता उमड़ पड़ी और राष्ट्रपति से इस्तीफ़ा माँगने लगी। यह आन्दोलन कहलाया 'यूरोमैडन' (यूरो और मैदान से)। पूरे यूक्रेन में विद्रोह के बिगुल बज गये, और लेनिन की मूर्ति तोड़ दी गयी। आख़िर, फरवरी 2014 में राष्ट्रपति यानुकोविच को अपने सहयोगियों के साथ यूक्रेन से भागना पड़ा।

इस अशांत दौर में यूक्रेन के दक्षिण में स्थित क्रीमिया एक बार फिर इतिहास के गर्त से बाहर आया। वहाँ रूस के समर्थन में विद्रोह होने लगे। रूस के राष्ट्रपति ब्लादिमीर पूतिन ने बुडापेस्ट समझौते को स्व-निर्धारित नैतिक आधार पर भंग करते हुए क्रीमिया पर क़ब्ज़ा कर लिया। वहीं दूसरी तरफ़ उन्होंने अपनी सीमा से लगे यूक्रेन के दो समृद्ध प्रान्तों डोनेत्स्क और लुहांस्क (डॉनबास) में बाग़ी सेनाओं को हथियार भेजने शुरू कर दिये। यह एक तरह के गृह-युद्ध की शुरुआत थी, जब यूक्रेन के अन्दर रूसी संस्कृति और यूक्रेनियन संस्कृति के टकराव के बीज बोये गये।

2014 में आये राष्ट्रपति पेत्रे पोरोशेन्को के लिए इस गृहयुद्ध के साथ-साथ यूरोपीय संघ में विलयन के प्रयास करना कठिन होता गया। पूर्ण सदस्यता तो नहीं मिली, लेकिन 2017 में यूरोपियन संघ के साथ एक मसौदे पर उन्होंने हस्ताक्षर कर दिये। ज़ाहिर है व्लादिमीर पूतिन इस फ़ैसले से ख़ुश नहीं थे कि यूक्रेन अब उनके प्रभाव से दूर जा रहा था। इसकी सम्भावना बढ़ने लगी थी कि वे नाटो सदस्यता की ओर भी कदम बढ़ाएँगे।

इस मध्य एक विदूषक कलाकार व्लादिमीर जेलेंस्की एक टी.वी. शो कर रहे थे, जिसका शीर्षक था- जनता के सेवक। इसमें वह यूक्रेन के राष्ट्रपति का अभिनय करते। वे इतने लोकप्रिय हुए कि 2018 में उन्होंने इसी नाम से पार्टी बना ली, और 2019 में राष्ट्रपति चुनाव जीत गये। जेलेंस्की ने यह स्पष्ट घोषणा की थी कि वह यूक्रेन को यूरोपीय संघ और नाटो की सदस्यता दिलवाने का प्रयास करेंगे। जून 2021 के ब्रूसेल्स सम्मेलन में नाटो देशों ने यूक्रेन की सदस्यता पर विचार किया।

अगले ही महीने व्लादिमीर पूतिन ने एक लंबा भावनात्मक लेख लिखा जिसमें उन्होंने रूस और यूक्रेन के एक संस्कृति की दुहाई दी और कहा कि यह अलगाव कभी न हो। उनके अनुसार यूक्रेन रूसी संस्कृति और अस्मिता का अभिन्न हिस्सा है।

दूसरी तरफ़ यूक्रेन राष्ट्रवाद आक्रामक हो रहा था। ख़ास कर क्रीमिया पर क़ब्ज़ा और डॉनबास प्रांत में विद्रोह के कारण रूस की छवि एक शत्रु की तरह बनती जा रही थी। पूर्वी यूक्रेन के रूस समर्थक भी अब अपना झुकाव बदलने लगे थे। यूक्रेन में यूक्रेनियाई भाषा के प्रयोग पर पहले भी बल दिया गया था, अब इसे राष्ट्रीय अस्मिता से जोड़ा जाने लगा। मसलन कीव को पहले अंग्रेज़ी में keiv लिखा जाता था, जिसे यूक्रेन ने अपने उच्चारण के अनुसार kyiv लिखना शुरू किया। यह भारत के बैंगलोर से बेंगलुरू और बॉम्बे से मुम्बई नाम परिवर्तनों की तरह देखा जा सकता है।

व्लादिमीर पूतिन ने यूक्रेन की नाटो सदस्यता की सम्भावना पर कड़ी आपत्ति जतायी और सैन्य कारवाई की धमकी दी। उन्होंने कहा कि रूस की सीमा पर नाटो की मिसाइलें तनी रहना रूस की शान्ति के लिए उपयुक्त नहीं। उन्होंने अपनी परमाणु शक्ति का हवाला देकर कहा कि ऐसी स्थिति में उन्हें भयानक कदम उठाने पड़ सकते हैं। 21 फरवरी 2022 को उन्होंने दोनों डॉनबास प्रांतों को देश के रूप में स्वीकार लिया, और उनकी यूक्रेन से स्वतन्त्रता की घोषणा कर दी। इसके साथ ही उन्होंने यूक्रेन के रूसी-भाषी नागरिकों की सुरक्षा का हवाला दिया।

तीन दिन बाद रूस की सेना यूक्रेन पर मिसाइलें दाग रही थी। डेढ़ लाख से अधिक सैनिकों ने यूक्रेन को तीन दिशाओं से घेर लिया। उत्तर में बेलारूस की तरफ़ से कीव पर हमले होने लगे। रूस की तरफ़ से खारकीव में। दक्षिण में क्रीमिया से घेराबंदी हो रही थी। यूक्रेन की सरकार ने मार्शल लॉ लगा दिया।

राष्ट्रपति जेलेंस्की ने इसे अपनी अस्मिता की लड़ाई कह कर दुनिया से समर्थन माँगा। नाटो सदस्यता नहीं होने के कारण उन देशों की सेनाएँ यूक्रेन की ज़मीन पर नहीं उतर सकती थी, किंतु बाहर से आर्थिक और अस्त्र-सहयोग दे सकती थी। अपने अनुभव के कारण जेलेंस्की एक अच्छे मीडिया मैनेजर भी साबित हुए, जिन्होंने बहुत कम समय में अपनी मज़बूत छवि विश्व-पटल पर रखी। उन्होंने यूरोपीय संघ के समक्ष कहा,

'आप सिद्ध करें कि आप यूरोपीय हैं, और हमारा साथ नहीं छोड़ेंगे। मृत्यु पर जीवन और अन्धकार पर प्रकाश की विजय होगी। यूक्रेन की जय होगी।'

इससे पूर्व उन्होंने अमरीका द्वारा देश छोड़ने के सुझाव पर कहा था कि मुझे टैक्सी नहीं, हथियार भेजें। कुछ लोगों के मन में उनकी छवि एक विदूषक से राजनेता बने व्यक्ति की रही जिन्होंने देश को युद्ध में झोंक दिया। वहीं कुछ लोग जैसे नॉर्वे के प्रोफ़ेसर शेल रिंगदाल उनकी तुलना विंस्टन चर्चिल से करते हैं। यूँ तो रूस के समक्ष यूक्रेन एक मामूली देश है, किन्तु उन्होंने इन पंक्तियों के लिखने तक एक हफ़्ते की लड़ाई पूरी कर ली है। उन्होंने यह सिद्ध किया कि कभी कोसैक योद्धाओं की यह धरती रूसी सेना का अकेले ज़मीनी मुक़ाबला कर सकती है।

कीव को कभी मंगोलों ने नेस्तनाबूद किया था, और अब अपनी ही संस्कृति का आक्रमण झेलना पड़ा। इससे यूक्रेन में रूस-विरोधी भावनाएँ बढ़ने की ही संभावना है। वहीं रूस भी अपना वह गौरव स्थापित करना चाहती है जो एक विशाल साम्राज्य के रूप में था। यह भी कहा जा सकता है कि रूस मात्र अपनी सीमाओं की सुरक्षा चाहती है, जिसके लिए यूक्रेन का रूस-समर्थक होना आवश्यक है।

मुझे उम्मीद है कि जब यह पुस्तक पढ़ी जा रही होगी, दुनिया इन युद्ध और आशंकाओं से निकल कर शान्ति की तरफ़ बढ़ चुकी होगी।

□□

सन्दर्भ सूची

1. रशन प्राइमरी क्रॉनिकल, अनुवाद– क्रॉस, सैम्यूअल एच. और शेरबोवितज-वेटजेर, ओलगर्द पी., मीडीवल अकेडमी ऑफ़ अमेरिका, कैम्ब्रिज, मसचुस्सेट्स, 1953
2. बुश्कोविच, पॉल, अ कन्साइस हिस्ट्री ऑफ़ रशिया, केम्ब्रिज यूनिवर्सिटी प्रेस, 2012
3. मिचेल, रॉबर्ट और फ़ॉर्ब्ज़, नेविल 'अंग्रेज़ी अनुवाद', 'द क्रॉनिकल ऑफ़ नाव्गराड', लन्दन ओफ़ीसेस ऑफ़ सॉसायटी, लन्दन, 1914,
4. हैल्परिन, चार्ल्ज़ जे., 'रशिया एंड द गोल्डन हॉर्ड', इंडीयना यूनिवर्सिटी प्रेस, ब्लूमिंटॉन, 1987
5. बॉयल, जे. ए., 'खागन' अध्याय, 'द एन्साइक्लपीडीआ ओफ़ इस्लाम, वॉल्यूम 4
6. मैन, जॉन, अध्याय 'द फ़ाउंडर ऑफ़ थे नेशन', 'द मंगोल एम्पायर', ट्रांसवर्ल्ड पब्लिशर्स, लन्दन, 2014
7. ईयनिं, वी. एल., 'मीडीवल नाव्गराड', 'हिस्ट्री ऑफ़ रशिया' 'सम्पादन– पेर्री, मॉरीन', कैम्ब्रिज यूनिवर्सिटी प्रेस, 2006
8. मार्टिन, जे., 'द इमर्जेन्स ऑफ़ मॉस्को', 'हिस्ट्री ऑफ़ रशिया' 'सम्पादन– पेर्री, मॉरीन', केम्ब्रिज यूनिवर्सिटी प्रेस, 2006, पृ. 160
9. स्कॉट, माइकल, 'एंचंट वल्ड्र्ज़ः अ ग्लोबल हिस्ट्री ओफ़ ऐंटिक्वटी', बेसिक बुक्स, न्यूयॉर्क, 2016
10. वर्योनिस, स्पेरोस, 'बिज़ैंटीयम एंड युरप', ब्रेस एंड वर्ल्ड, न्यूयॉर्क, 1967
11. बेरतोलेट ए आर, द ज़ार एंड द क्वीनः 'यू स्पीक आ लैंग्विज दैट आई अंडरस्टैंड नोट', 'द फ़ॉरेन रेलेशंज़ ऑफ़ एलिज़ाबेथ 1ः कुइनशिप एंड पावर, पलगरवे मक्मिलन, न्यूयॉर्क, 2011
12. गोर्शकोव, बोरिस, पेज़ंट्स इन रशिया ".रोम सफ़र्डम तो स्टालिन, ब्लूमसबरी, 2018
13. टोलोस्टॉय लियो, सेवस्तोपोल स्केचेज़, हार्पर, 1887
14. फिगेस, ऑर्लैंडो, द क्रायमीयन वार, मेट्रोपॉलिटन बुक्स, न्यूयॉर्क
15. मार्टिनो, हैरीयट, ईस्टर्न लाइफ़ः प्रेज़ेंट एंड पास्ट, लन्दन, 1848, वॉल्यूम 3
16. होपकिरक, पीटर, द ग्रेट गेमः ऑन सीक्रेट सर्विस इन हाई एज़ा, जान मरी, 1990
17. मिश्रा, पंकज, ब्लैंड फ़नाटिक्सः लिबरल्ज़, रेस, एंड एम्पायर, वर्सो, 2020
18. स्मिथ, डग्लस, रासपूतिन, मक्मिलन, 2016

19. हैल्डेन, जे.बी.एस., 'ब्लड रॉयल: अ स्टडी ऑफ़ हेमोफ़िलिया इन द रॉयल फ़ैमिलीज़ ऑफ़ यूरोप', द मॉडर्न क्वॉर्टर्ली, वॉल्यूम 1, संख्या 2, पृ. 129-139
20. सेबेस्टयें, विक्टर, लेनिन: द मैन, द डिक्टेटर एंड द मास्टर ऑफ़ टेरर, पैन्थीआन बुक्स, न्यूयॉर्क, 2017
21. सम्पत, विक्रम, सावरकर, पेंग्विन रैंडम हाउस, इंडिया, 2019
22. वेल्ज़, एच जी, द वार दैट विल एंड वॉर्ज़, "फ्रैंक एंड सीसिल पामर, लन्दन, 1914
23. सिम्किंज़, पीटर और अन्य, द फ़र्स्ट वर्ल्ड वार, आस्प्रे पब्लिशिंग, लन्दन, 2003
24. यसपोव, फ़ीलिक्स, लोस्ट स्प्लेंडर: द अमेज़िंग मेम्वार्ज़ ऑफ़ द मैन हू किल्ड रासपूतिन, टर्टल पॉट प्रेस, 2003
25. नेलिपा, मार्गरीटा, किलिंग रासपूतिन: द मर्डर दैट एंडेड द रशन एम्पायर, वाइल्ड ब्लू प्रेस, 2017
26. चर्चिल, विन्स्टोन, द वर्ल्ड क्राइसिस, थॉरंटॉन बटर्वर्थ लिमिटेड, लन्दन, 1915
27. मार्क्स, कार्ल और एंजल्ज़, "फ़्रेडरिक, 'मैनिफ़ेस्टो ऑफ़ द कॉम्युनिस्ट पार्टी' जो marxists.org पर उपलब्ध है।
28. 'द प्रोग्राम ऑफ़ द पार्टी ओऊवरीर' में वर्णित, जो marxists.org पर उपलब्ध है।
29. झा, प्रवीण कुमार, जे पीरू नायक से लोकनायक तक, ई समाद प्रकाशन, 2021
30. पारसों, माइकल, द सील्ड ट्रेन: जर्नी टू रेवलूशन, हार्पर कॉलिंज़ पब्लिशरस, 1991
31. लेनिन, व्लादिमीर इलयिच, द टास्क्स ऑफ़ द प्रोलेटेरीयट इन द प्रेज़ेंट रेवलूशन 'द अप्रिल थीसस', 1917। marxists.org के माध्यम से उपलब्ध।
32. झा, प्रवीण कुमार, केनेडी: बदलती दुनिया का चश्मदीद, बोंज़ुरी प्रोजेक्ट, 2020
33. हेरबेरतस्टें, सिगिसमूँड वान, नोट्स अपॉन रशिया, कैम्ब्रिज यूनिवर्सिटी प्रेस, 2010
34. तीयन शंसकीय, आल्गा, विलिज लाइफ़ इन लेट ज़ारिस्ट रशिया, इंदीयना यूनिवर्सिटी प्रेस, 1993